コウケンテツの
日本100年ゴハン紀行
❷

沖縄
宮古島・本島

大分
別府温泉

島根
松江・出雲

NHK「コウケンテツの日本100年ゴハン紀行」制作班

中央公論新社

「コウケンテツの日本100年ゴハン紀行」とは

飾らない人柄と、手軽でアイデアに満ちた料理で人気の料理研究家コウケンテツさんが、「100年先まで残したい日本の食」を探して、日本全国を旅する紀行番組。NHK BSでの放送は5年目を迎えました。

コウさんはこの番組で、四季折々の豊かな自然が育む食材を追いかけ、地産地消の味と出会います。また、もうひとつの見どころは、こだわりの生産者や料理人、食のイノベーターなど、日本の食を支え、食の未来を豊かにしようと奮闘するみなさんとの出会い。お話に耳を傾けるとき、あたたかみのある人柄があふれます。

土地の気候風土と、名人たちの手で育まれるかけがえのない味や食文化に触れ、コウさんは旅で生まれたアイデアをとっておきの一皿に凝縮。現地でオリジナルの料理を作り、地域のみなさんにふるまいます。

コウケンテツさんと一緒に、季節がめぐるごとに魅力あふれる日本のゴハンを追いかけて、旅へ出かけませんか。未来へ伝えたい味を見つけに。

番組制作班

本書の見どころガイド

❶ 100年先まで伝えたい日本の食

❷ 愛され続けるご当地の味

❸ 地域 No.1 を誇る食材と出会う

❹ 食の未来を豊かにしようと頑張る人たちとのご縁

❺ 地元食材の魅力を一皿に コウケンテツ まごころレシピ

コウケンテツ／プロフィール

1974年、大阪府生まれ。旬の素材を生かした手軽でおいしい家庭料理を提案し、テレビ、雑誌、講演など多方面で活躍中。また、三児の父親としての経験から、親子の食育、男性の家事・育児参加、食を通してコミュニケーションを広げる活動にも力を入れている。2020年に開設したYouTube公式チャンネル「Koh Kentetsu Kitchen」は登録者数195万人（2024年1月現在）を突破。使いやすい食材と定番の調味料で作る一皿を、ワンポイントを添えて紹介している。

目次

大分　秋

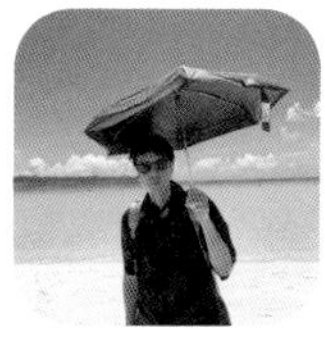
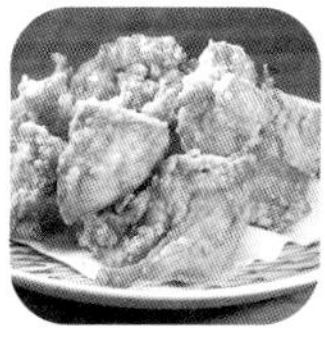
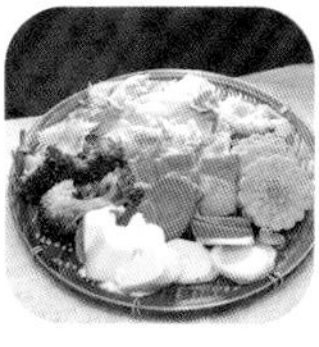
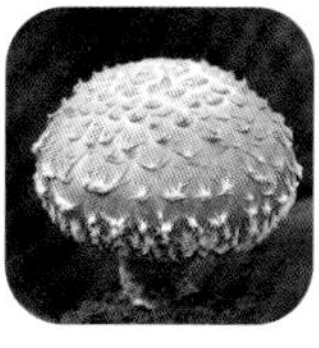

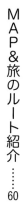

島根 冬……90

レシピ
Recipe Page

100年ゴハン
file

沖縄 夏

マリンブルーに輝く海！
夏の沖縄は食材の宝庫。
命のありがたさを噛みしめます

■グルクン追い込み漁
■宮古島「海水の島豆腐」
■芳醇の香り「豆腐よう」
■「アグー豚チイリチャー」
■長寿食「青パパイヤ」

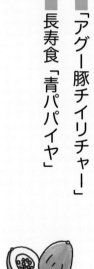

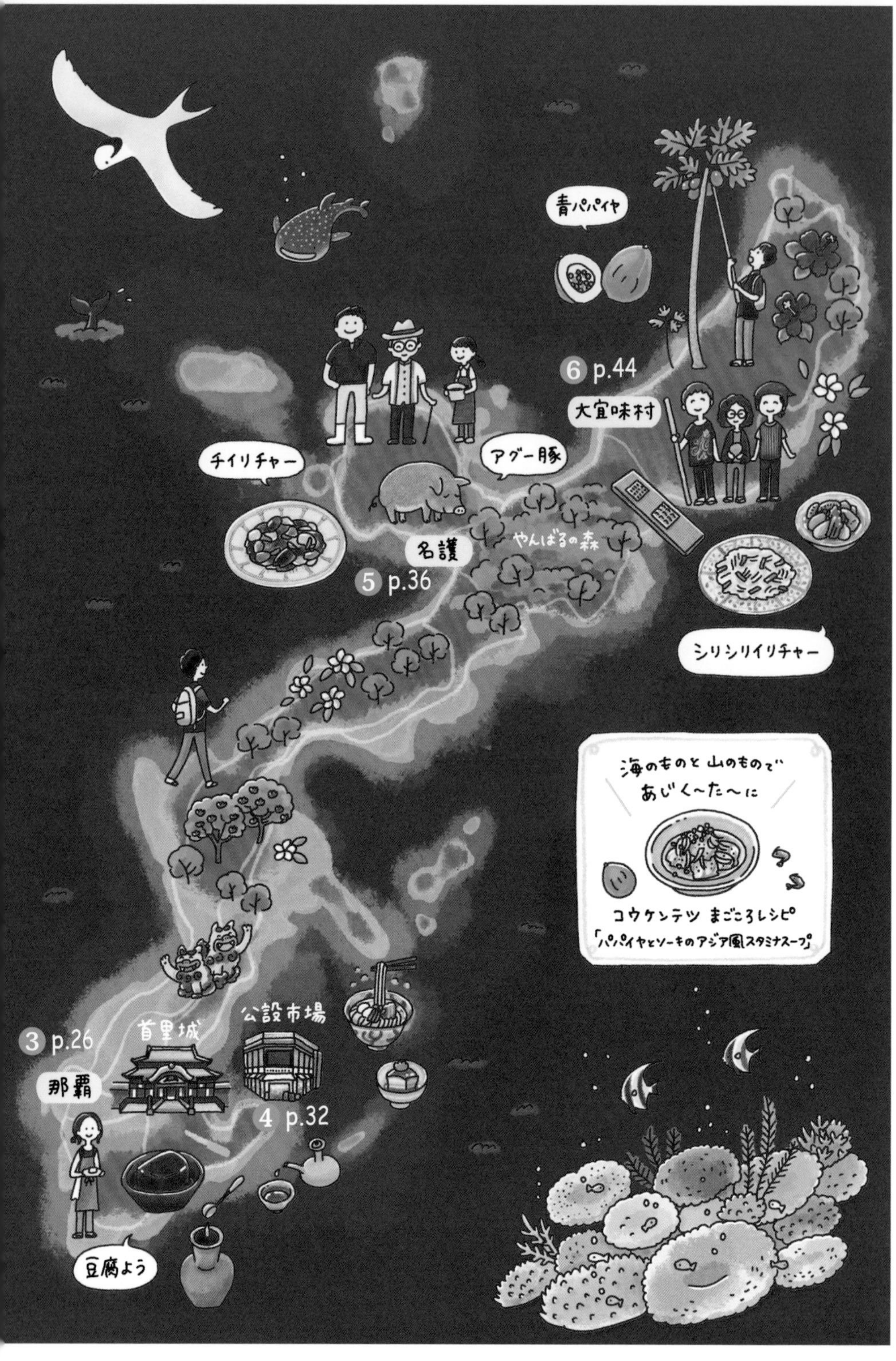

青パパイヤ
6 p.44
大宜味村
チイリチャー
アグー豚
名護
やんばるの森
5 p.36
シリシリイリチャー
海のものと 山のもので
あじく〜た〜に
コウケンテツ まごころレシピ
「パパイヤとソーキのアジア風スタミナスープ」
公設市場
首里城
3 p.26
那覇
4 p.32
豆腐よう

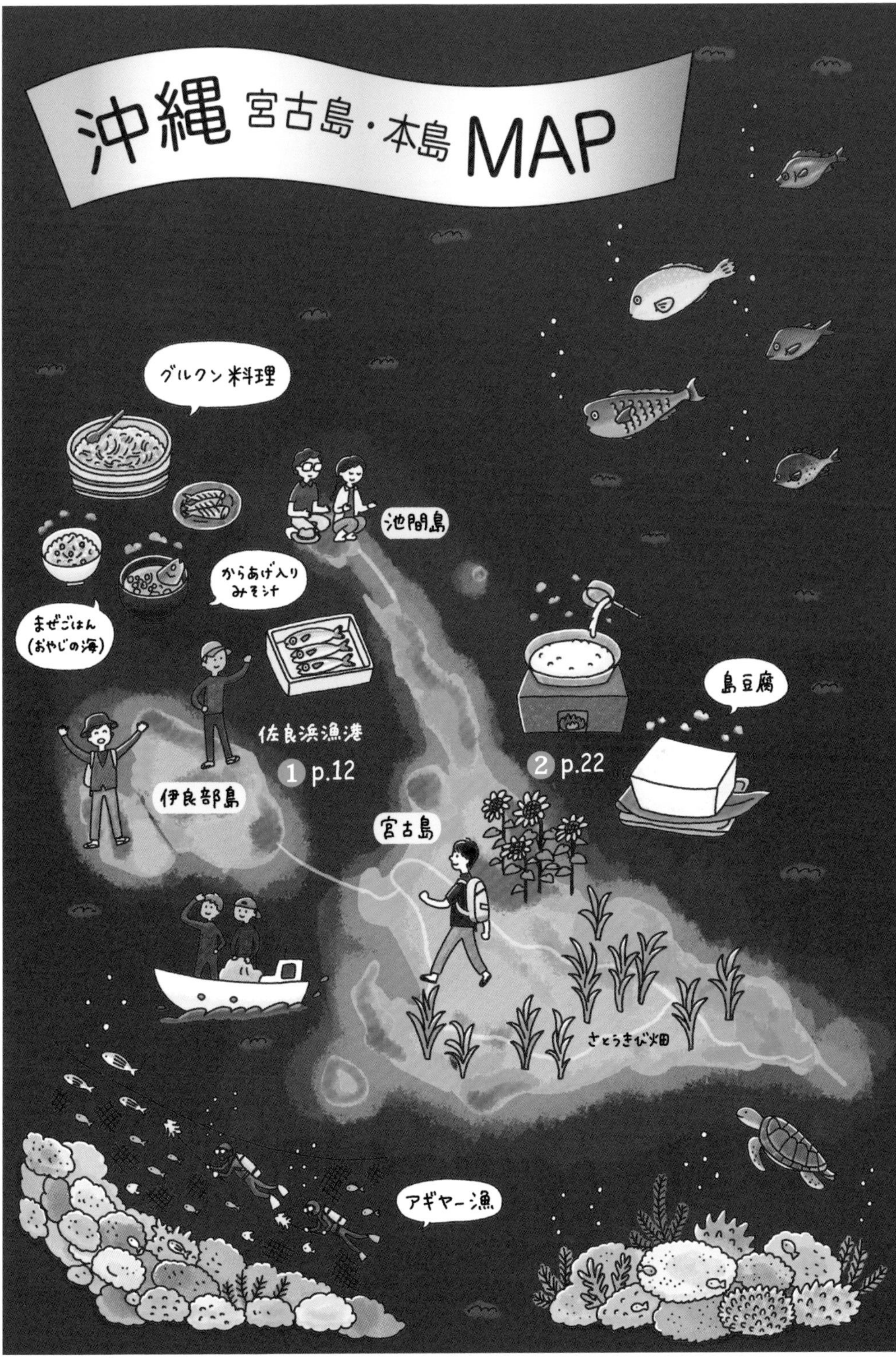

沖縄 宮古島・本島 MAP
グルクン料理
池間島
からあげ入り みそシナ
まぜごはん (おやじの海)
島豆腐
佐良浜漁港
1 p.12
2 p.22
伊良部島
宮古島
さとうきび畑
アギヤー漁

水深約20〜30メートルほどの海底に設置した網へと魚を追い込む（伊良部漁業協同組合提供）

サンゴ礁ならではの伝統漁法

アギャー漁

伊良部島

MAP 1

朝5時。沖縄の旅は、沖縄本島から南西に約300キロ、日の出前の伊良部《いらぶ》島の漁港から始まりました。コウさんは沖縄の伝統的な「アギャー漁」に同行することにしたのです。

　この海域では海底の岩やサンゴに引っかかるため底引き網が使えません。そこで、船から垂らした網を岩などで海底に固定し、漁師たちは泳いで袖網《そであみ》に沿ってグルクン（和名・タカサゴ）の群れを行き止まりの袋網《ふくろあみ》まで追い込んでいくのです。その時に活躍するのが黄色い房がついた「サッビャ」と呼ばれる長い棒で、魚を威嚇しなが

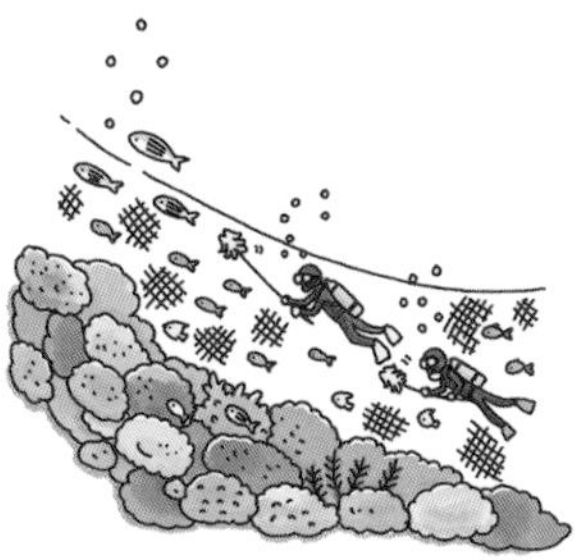

日の出前の伊良部島の漁港

サッピャと呼ばれる棒でグルクンを追い込んでゆく漁師たち

ら誘導します。
　アギャー漁は、夏は主にグルクンの稚魚をとり、これがカツオ漁の餌になります。アギャー漁がなければ島のカツオ漁も成り立ちません。そして、秋になると食用になるグルクンの成魚を獲るのです。

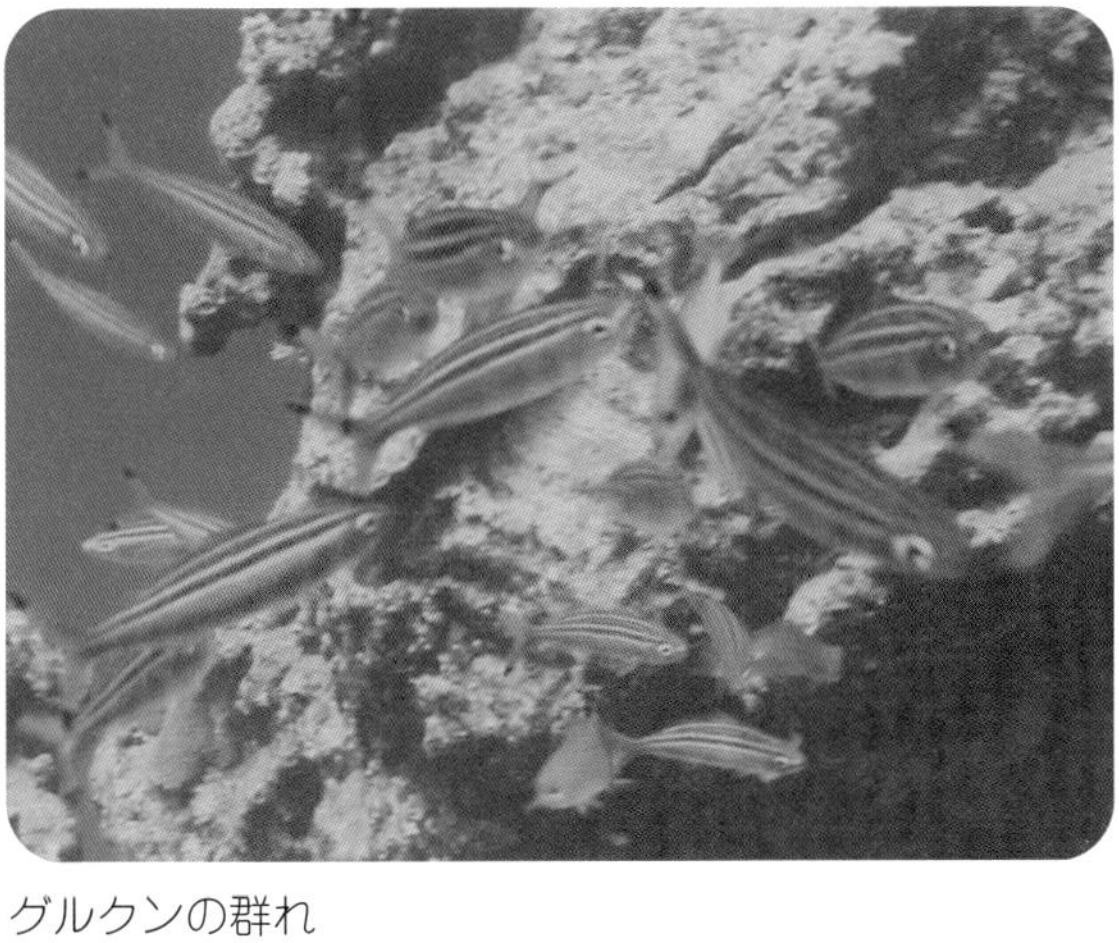
グルクンの群れ

漁のポイントを探して

潮の流れを見ながら　伊良部島

船長の上原一幸さん

操舵も担う上原さんを
含め、漁師６人一組で
漁へ向かう

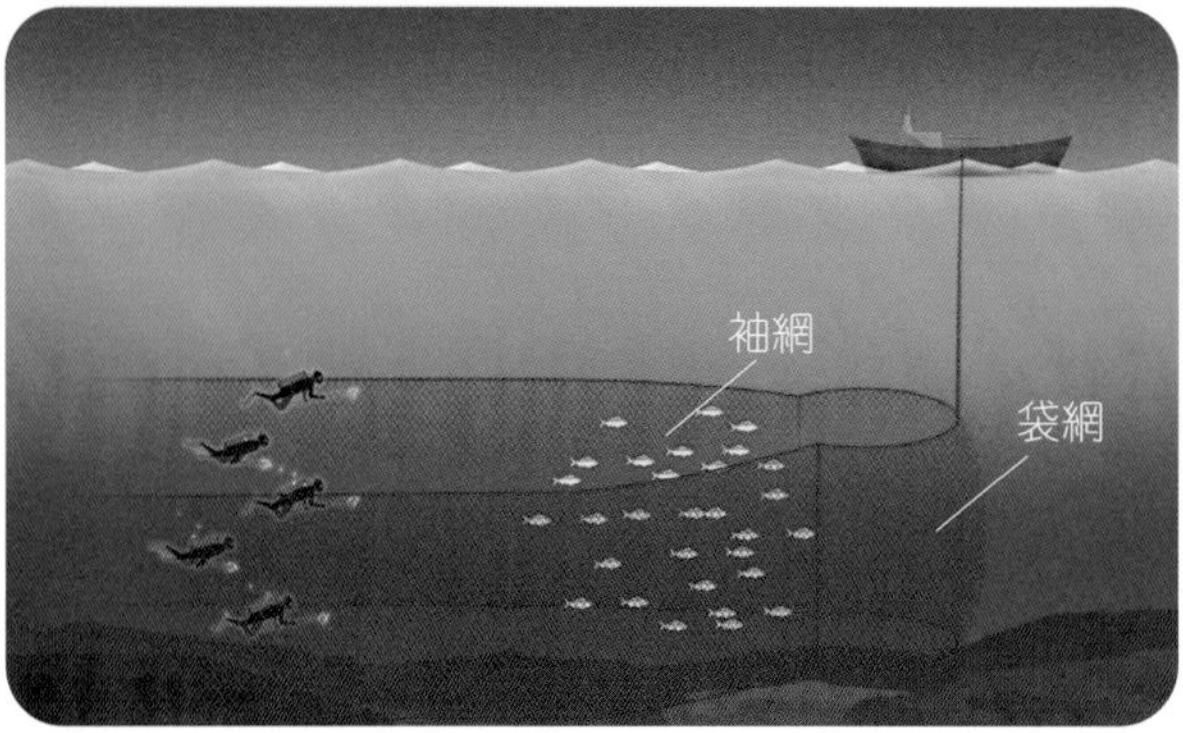

袖網の長さは全長60ｍにもなる

サッビャを持って潜る

網にかかったグルクンの群れ

グルクンの稚魚

年配者の
力ってすごい。
つないで
いかなければ

20代から70代まで 伊良部島
漁師が減り続けるなかで

昭和50年代には伊良部島だけでも70人を超えるアギヤー漁の漁師がいましたが、いまでは20人に。上原一幸さんたちのアギヤー漁は、20代から70代までの6人がチームになって海に出ます。

「おじいちゃんたちの力ってすごいなと本当に思います。だから、どうにかしてつないでいかなければ」

愛知県の自動車メーカーに勤めていた上原さんは、アギヤー漁師だった父親のあとを継ぐために、9年前に島に戻ってきました。

「帰ってきてやってみたら、こんなに楽しくて、人生に刺激をもらえる仕事はなかなかない。これからも続けていきたい」と上原さんはいいます。

グルクンは小骨の多い魚なので、唐揚げにするのが一番美味しい食べ方なのだとか。そのグルクンの唐揚げを丸ごと入

れた味噌汁は、伊良部島ならではの家庭の味になっています。

昭和50年代には70人以上の漁師がいたが……
（糸満市教育委員会提供）

◉伊良部漁業協同組合
http://irabu-gyokyo.com

頭から尾まで丸かじり

グルクンの唐揚げ

100年ゴハン
file. 1

身が丸ごと入った「グルクンの唐揚げの味噌汁」作り方

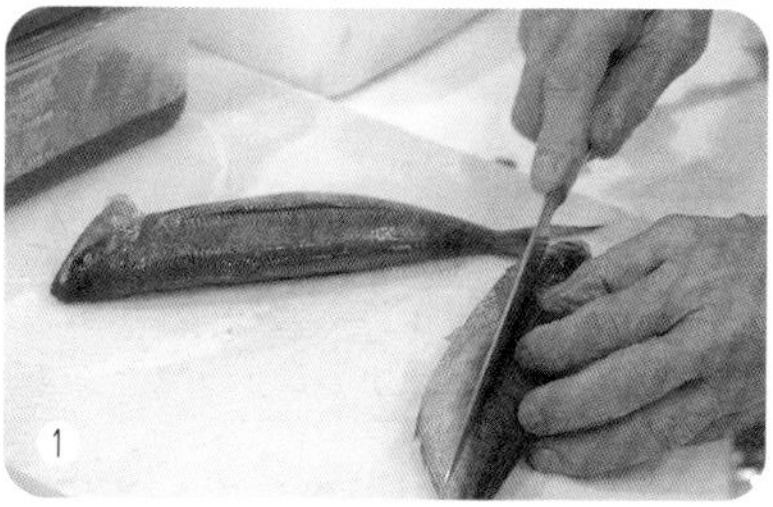

①身に切れ目を入れる。

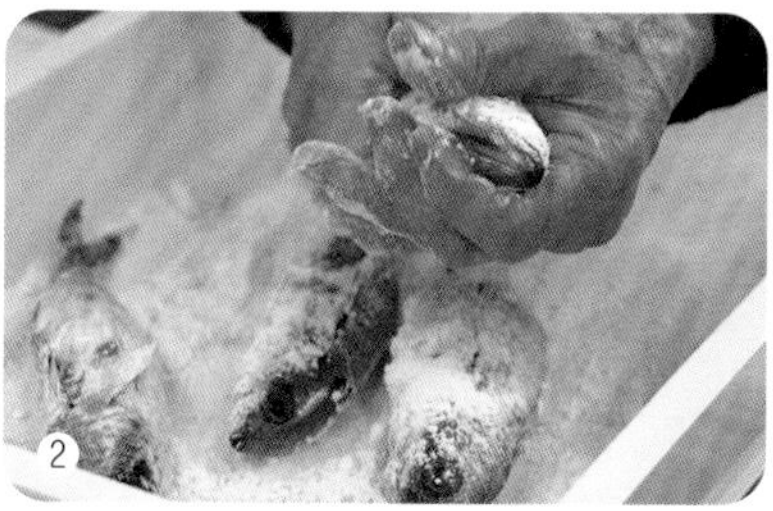

②薄力粉をしっかりまぶす。

③高温の油でしっかり揚げる。頭から尻尾まですべて食べられるグルクンの唐揚げの完成。

④グルクンの唐揚げを二つに折って鍋の中へ入れる。

⑤野菜と味噌を加えると、グルクンの唐揚げの味噌汁が完成。

おやじの海

海の幸を炊き上げた混ぜご飯

①おじいが素潜りで獲った島ダコ
②炊きたての海の幸のご飯
③ほぐしたグルクンの唐揚げ

島ダコにカツオとマグロを一緒に混ぜた炊き込みご飯。その上に、ほぐしたグルクンの唐揚げをかけ、大葉を散らせば、海の幸満載の一品が完成です。名付けて「おやじの海」。

まず、味噌汁に口をつけたコウさん。グルクンの唐揚げに頭からかじりつきました。「引き締まったプリンッとした食感と、嚙むとフワッとほどけるような優しさがなんともいえませんね」。

地元漁協の普天間一子《かずこ》さんはいいます。「漁協に入って三十数年になるんですけれど、まさか伝統的なアギャー漁がなくなるとは思わなかったですよ。冷蔵庫にいつも入れてあって、身近だったグルクンはいまでは貴重で、なかなか

伊良部島ならではの「グルクンづくし」。いまでは貴重な島の味

当たり前に
あったものが
貴重な魚に

ぐっと
響きました。
お気持ちが

食べられない。だから、感謝して
食べないといけないですよね」。

自然のめぐみに感謝する

海水で作る島豆腐

宮古島

MAP 2

今日も大事な海水をいただきました。ありがとうございます

100年ゴハン
file. 2

宮古島で豆腐店を営む山村さんご夫妻は、週に一度海水を汲みに、隣の池間島を訪れています。にがりの代わりに海水を使って、昔ながらの島豆腐を作るためです。

宮古島出身の洋子さんは、結婚してからは大分に住んでいました。しかし、60年前にこの豆腐店を開いた母親の石嶺シゲさんが高齢になったため、あとを継ごうと30年前に夫と一緒に島に戻り、母親と同じ海水を使う製法で豆腐作りを始めました。

「子供の頃に食べていたもの、好きだったものがなくなっちゃうのは寂しいかなと思って……。島を出て行

海水をバケツで汲み上げるご夫婦

海水汲みを手伝う。「重い！」

った人たちがいつ戻ってきても、変わらぬ味に安心してほしいしね」と洋子さん。この思いが海水を汲むという重労働を続ける支えになっています。

深夜から始まる豆腐作り

命の海が生み出す深い味わい

①大きな鍋に入れた豆乳に、薪で焚いた火でじっくり熱を通す。

②頃合いを見て、汲んできた海水をろ過したものを鍋に入れる。

③火の強いところから固まっておぼろ状の豆腐ができてくる。

⑤木枠がいっぱいになったら、木の蓋を押し付け、さらに30キロの重しをのせて約１時間半水分を絞る。

④おぼろ状の豆腐をお玉ですくい、木の型枠に入れていく。

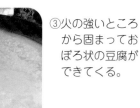

豆腐の完成。海水に含まれるさまざまなミネラルが、
深い味わいを生む。

できたての島豆腐はほかほか

海水のミネラルがちゃんと感じられて、めちゃくちゃ美味しい

◉石嶺とうふ店
宮古島市平良西原 1246
☎ 0980-72-7400（日曜定休）
https://tofoodof.com/makers/okinawa/ishiminetofu/

琉球王国から受け継がれた味を探して　那覇市

使者を饗《もてな》した宮廷料理

MAP 3

首里城正殿。2014年撮影（読売新聞社提供）

琉球宮廷料理（再現料理）

15世紀から19世紀にかけて、現在の那覇市の付近では、首里城を中心に琉球王国の文化が花開いていました。華麗な宮廷料理もその一つです。その味をいまに受け継ぐ家が、首里城の近くにあります。

琉球士族の末裔・松島よう子さんが作っているのは、島豆腐を泡盛につけて発酵させた「豆腐よう」。東洋のチーズと呼ばれることもあります。

松島さんの豆腐ようは、琉球王朝時代には門外不出といわれてい

歴史の面影が感じられる街並み

やっほーって
いってるみた
いなシーサー
です

る秘伝の製法を継承した味です。

工房は医師だった祖父が営んでいた療養所を、現代風にリノベーションしたもの。そこを訪ねたコウさんは、さっそく真紅に輝く豆腐ようをいただきました。さらに、豆腐ようと抜群の相性である泡盛と合わせてみます。

紅麴が醸《かも》す深い朱色

王族や士族だけが口にできた味

普段はモデルの仕事もしている松島よう子さん

いまでは沖縄の名産として誰でも食べられる豆腐ようですが、かつては王族や士族など、一部の裕福な人たちしか口にすることはできませんでした。

　松島さんの親族が集まるお酒の席にはいつも、祖母がとっておきの豆腐ようを出してくれました。それは、代々の女性たちが受け継いできた味でした。松島さんの豆腐ようも、母方の伯母から学びました。

　松島さんは、仕事をしている東京でも島豆腐を干したことがありますが、うまくいかなかったといいます。湿度や日射しなど沖縄の環境でなければ作れない豆腐ようなのです。

　ただし、鮮やかな朱色は伯母の影響を受けた松島さんのチャレンジなのだとか。「紅麴《べにこうじ》が体にいいと聞いて、私はいっぱい入れちゃうんです」と松島さん。

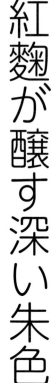

松島さんの豆腐ようは、沖縄県産の島豆腐と台湾で購入した紅麹、泡盛の古酒を使う

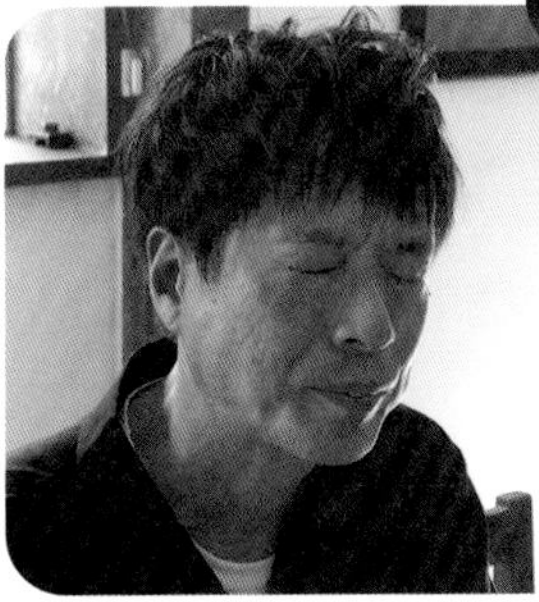

ひと口入れて〝うっとり〟

よかったー

すごい。200年前のマリアージュ、お互いが引き立て合いますね

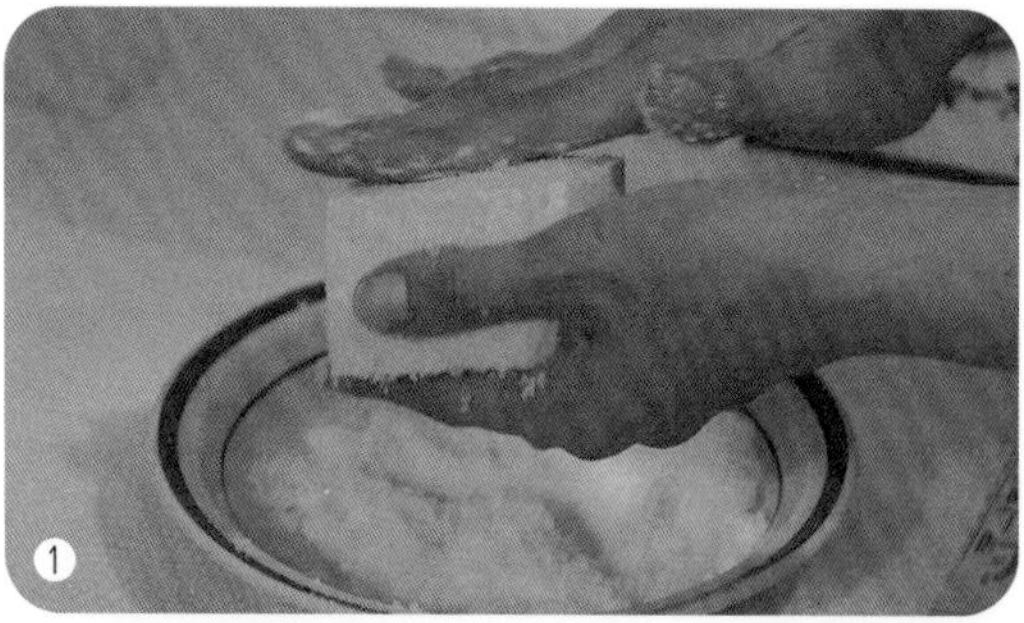

①島豆腐に適量の塩をすり込む。

②かごに並べ、風の通る木陰に１週間ほど干す。

③干し終わった豆腐は表面が乾き、
弾力が増す。

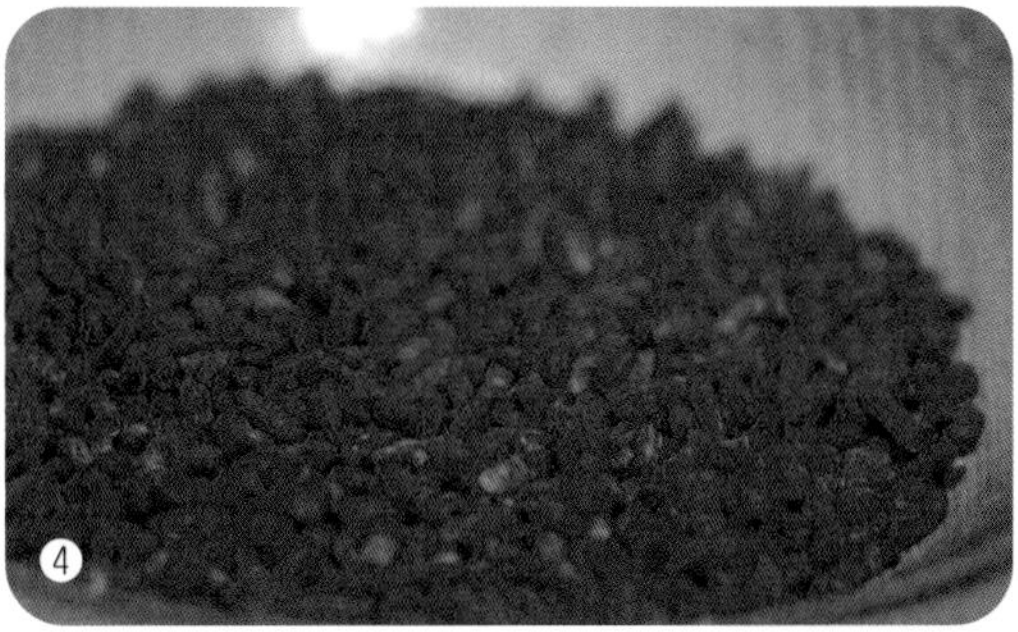

④鮮やかな赤は紅麹の色。

⑤麹と紅麹と泡盛を混ぜた漬け汁を甕《かめ》に入れる。

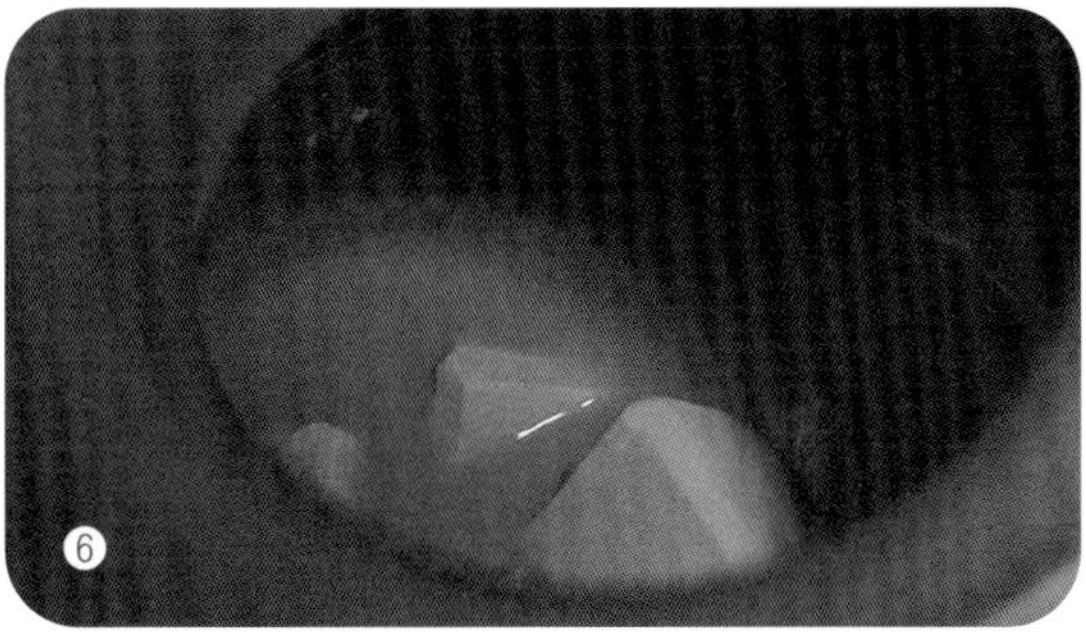

⑥乾いた島豆腐を入れてしっかり蓋をして漬け込む。3～4か月で出来上がり。

◉豆腐よう　松島

リニューアルした那覇の台所

牧志公設市場を歩く

那覇市

MAP ４

書籍オリジナル

那覇市民の「台所」として親しまれてきた第一牧志公設市場は、１９５０年に開設されました。戦後まもない頃に自然発生的にできた闇市場を束ね、市営の市場としたのが始まりです。以来、市民・県民の台所であるのみならず、観光客も沖縄の食文化を味わえるスポットになりました。

１９９０年には1階の市場で好きなものを購入し、２階の飲食店で調理してもらえる「持ち上げ」のシステムを開始し、さらにたくさんの人が訪れるようになりました。

２０１９年に建物や設備の老朽化のため一日閉鎖、別の場所で仮営業して

島らっきょうがてんこ盛り

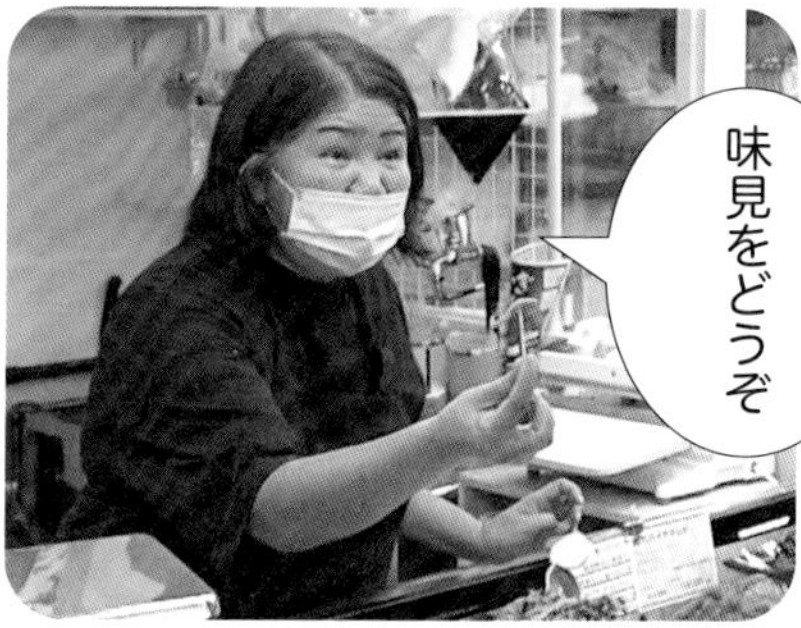
味見をどうぞ

098-866-1822
ピリッとして酸味もあって……美味しい

いましたが、2023年3月に元の場所でリニューアルオープンしました。

色鮮やかな熱帯の魚介類、塊のまま売られている豚肉や島野菜などの沖縄ならではの食材、人の賑わいも「持ち上げ」システムも健在です。

（文・編集部、写真・番組提供）

キムチ漬けもお試しの価値あり

鳴き声以外すべて食べる

沖縄の豚肉文化

書籍
オリジナル

沖縄の料理は「豚に始まり豚に終わる」「鳴き声以外はすべて食べる」と言われることがあるほど、豚肉がよく使われます。沖縄そばの出汁、骨付きあばら肉のソーキ（スペアリブ）、煮付けや炒め物などによく使われるハラガー（脂身と赤身が層になった三枚肉）は比較的よく知られているでしょう。ほかにも、顔の皮を使ったチラガーや耳の皮のミミガー、肝臓などの内臓、血まで使います。

昔の沖縄では旧正月が近くなると豚を一頭さばき、それを保存して食べていたのだとか。そのため「豚正月」という言葉もあるそうです。

沖縄と豚肉の縁は15世紀前後に中国から豚が伝わってきてからとか。中国王朝から派遣された使節（冊封使）を饗《もてな》すために養豚が盛んになったようです。

（文・編集部、写真・番組提供）

沖縄では、
豚は毎日のように
みなさん食べている
んじゃないですかね

すべての部位を
召し上がるのが
沖縄の豚の食べ方
です

沖縄県産
あぐー豚 ヒレ
100g 400円
沖縄県産
あぐー豚 本ロース トンカツ・ステーキ用
100g 500円

◉那覇市第一牧志公設市場
那覇市松尾 2-10-1
☎・FAX：098-867-6560
https://www.makishi-public-market.jp

やんばるの深い森に

親子で育てる「アグー豚」

名護市

MAP 5

やんばるとは「山原」。沖縄本島北部の豊かな森が広がる地域のこと

沖縄の豚といえば「アグー豚」について語らなければなりません。アグー豚は黒毛で足が短く、お腹が出ていて胴が短いのが特徴です。柔らかな肉と甘みのある脂身が美味しいと評判ですが、一般的な豚に比べて発育が遅く、生まれる数もおよそ半分。そのため食肉の量産が難しく、手掛ける人は決して多くありません。

そのアグー豚を育ててきたのが沖縄県北部のやんばるに住む我那覇明さん。現在は息子の崇さんがあとを継いでいます。

我那覇さんとコウさんは15年ぶりの再会となりました。

さっそく豚舎に案内してもらったコウさん。アグー豚の背中を撫でてみました。「筋肉もあるけれど脂肪がついていて、いい弾力ですね」と、なんだか嬉しそうです。

足が短く小型なのがアグー豚の特徴

我那覇明さんと息子の崇さん

絶滅に瀕したことも
アグー豚への愛情と誇り

アグー豚は600年の伝統を持つといわれていますが、成長が早い別の品種との交配が進んだことや、太平洋戦争の影響で一時は絶滅の危機に陥りました。その後、アグー本来の姿に戻す研究が重ねられ、いまでは純血に近い300頭ほどが登録され、新たな命が生まれています。

「いい肉を作るには、いい餌を与えないといけない。できるだけ県内で取れるものを使っています。肉の味も変わるしね」という明さんが与える餌は、与那国島の石灰サンゴとサトウキビの糖蜜。それに地元のビール酵母を混ぜて与えているそうです。アグー豚をずっと育ててき

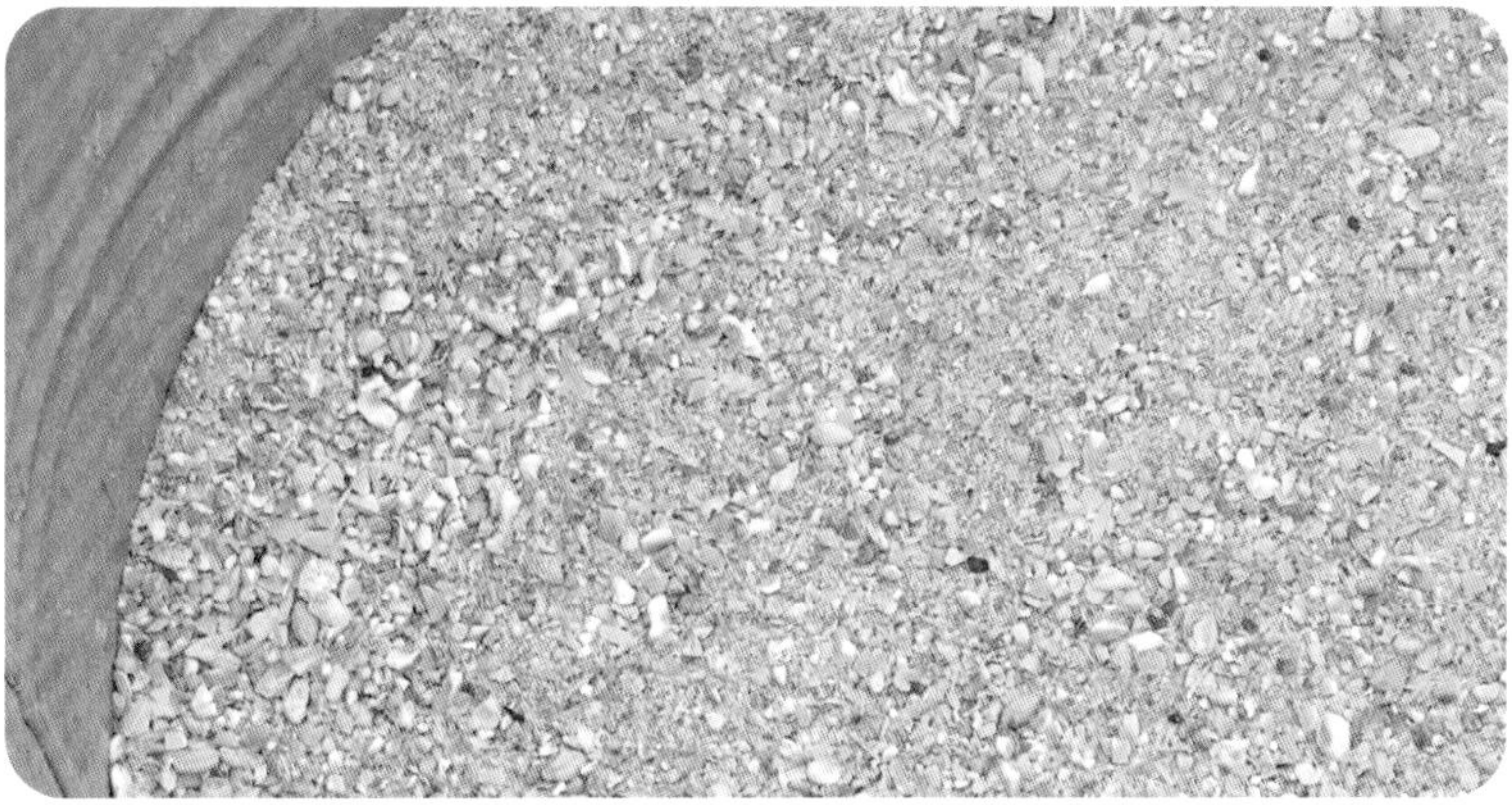

沖縄を代表するサンゴ、サトウキビ、ビール酵母を混ぜた餌

もうアグーですよ（笑）

息子さん、アグー愛を引き継がれていますね

アグーそのものです（笑）

た誇りが感じられます。

息子の崇さんも「アグー豚は沖縄の財産なので、100年先も200年先も続けていけるように守り育てていきたい」と胸を張りました。

◉我那覇畜産
名護市大川69番地
☎ 0980-55-8822

お正月や祝いごとのご馳走　名護市

チイリチャーとは

なみなみと入っている新鮮な
アグー豚の血

100年ゴハン
file. 3

明さんの妻・ミツエさんが、アグー豚を使った「チイリチャー」を作ってくださいました。

ミツエさんはこの機会に、孫の聖佳さんに我那覇家のチイリチャーのレシピを伝えたいとも考えていました。大阪の調理専門学校に通っている聖佳さんですが、チイリチャーを作るのは初めて。聖佳さんの母親のこずえさんも見守っています。

祖父の明さんも見ているなかで、まず聖佳さんが手にしたのは、この朝採れた袋一杯のアグー豚の血と血の塊。血で炒めるからチイリチャーなのです。

チイリチャーはお祝いのご馳走です。家族が集まるお正月に食べることが多いそうですが、特別に夏野菜で調理してくださいました。

我那覇家のチイリチャーレシピ

①顔の皮（チラガー）を横に切る。

②臭いが染み込むので細かい毛を削り取り、鍋で下茹でする。

③肉はカットして別の鍋で炒め、風味付けに泡盛を入れる。

④別の入れ物に血を入れて、塊が残る程度に揉む。

⑤ざっくり崩した血の塊を入れ、焦げ付かないように混ぜ続ける。

⑥味噌を入れて、野菜をたっぷり加えたら完成。

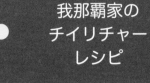

祖母から母、そして……
孫へ。命を尊ぶ料理

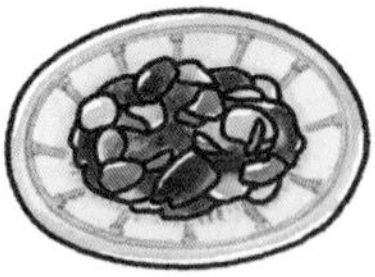

「風味付けは絶対、泡盛よ」
「あぁ、血の塊は細かくしすぎないで」
「味噌はどれくらい入れる？」

　調理をめぐり、祖母、母、孫の丁丁発止を見守っていたコウさん。いよいよいただきます。

「いろんな顔の部分と野菜、そしてなんといっても血ですね。最高に調和が取れてます。口のなかが楽しい。コリッとした軟骨の部分と身の部分、プリッとした骨の部分があって、血も美味しい。臭みも全くなくて、感動！」

「大切な豚の命をいただくので、顔も内臓も血も全部食べる。これが豚に対する感謝の気持ち。無駄なく食べるのが一番じゃないかなと思うんですよ」と明さん。

「学校ではこんな郷土料理まで勉強できないので、ばあちゃんに聞いて地元の味を勉強できるいい機会だと思っていま

濃いからね、
ご飯と一緒が
いいんだよね

美味しい

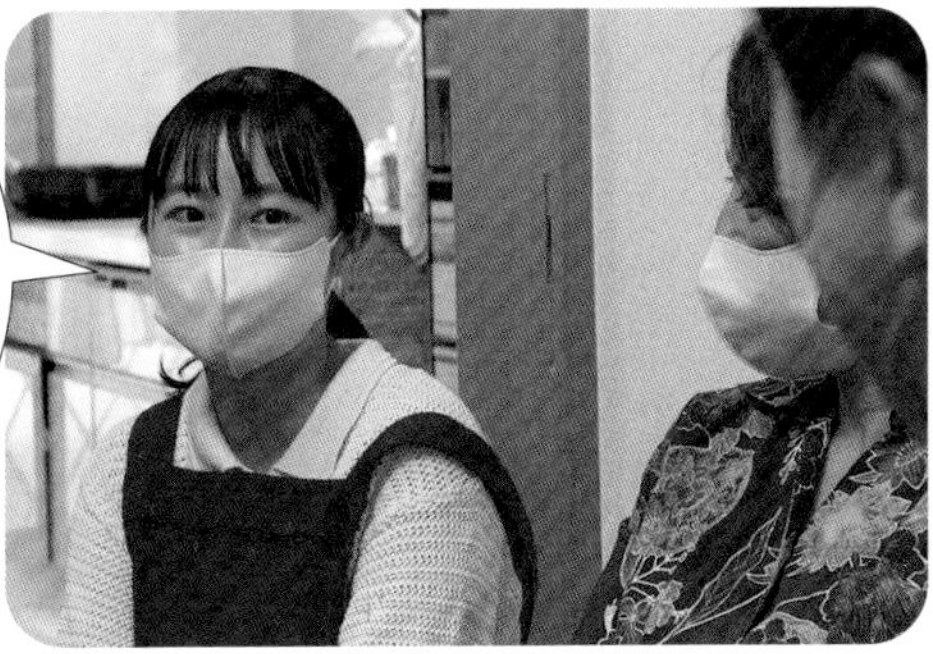
地元の味を
勉強できる
いい機会でした

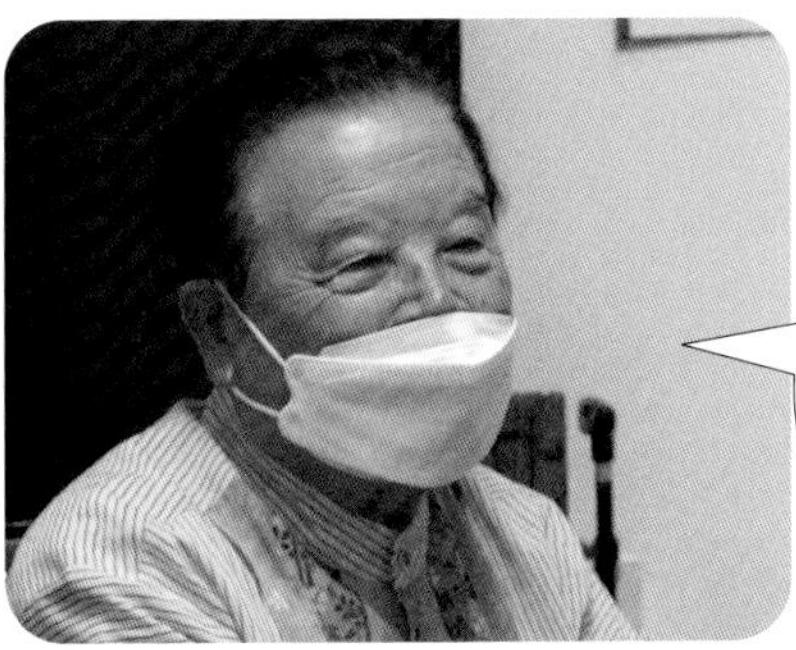
命をいただくと
いうことは何も
無駄にしないと
いうことです

す」と孫の聖佳さん。

目の前で祖母から孫にチイリチャーのレシピが引き継がれていく現場をみて、コウさんは感慨を深くしました。

「長寿日本一宣言」の村の味わい　大宜味村

青パパイヤの生命力

MAP 6

熟して黄色くなったパパイヤはトロピカルフルーツとしていただきますが、沖縄では熟す前の、甘くない青パパイヤを野菜代わりに使います。台風で食事の材料が何もない時などに、庭のパパイヤを採って食材にしてきたからです。

本島北部の長寿の村として知られる大宜味《おおぎみ》村の宮城栄子さんは「野菜は台風でだめになっちゃうけど、パパイヤはポキッと折れることがないし、倒れてもまた出てくる。生命力が強いんです」といいます。

難しいですね。パパイヤが滑っちゃうから

青パパイヤ採れました

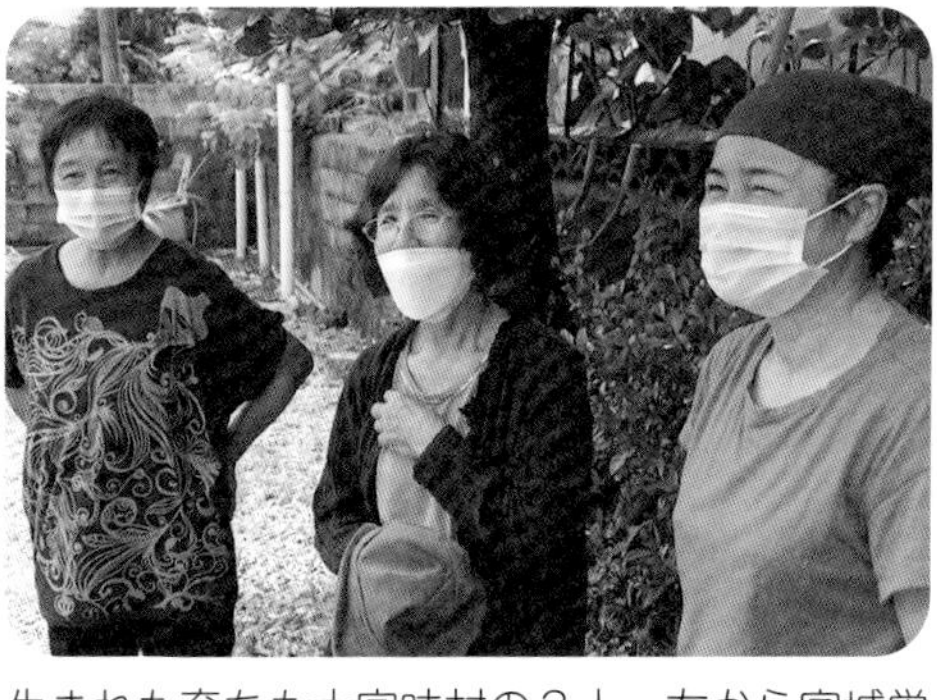
頭に落ちないようにね

生まれも育ちも大宜味村の３人。左から宮城栄子さん、島田わか子さん、新城喜代美さん

鳥が熟したパパイヤを食べて種を落とすから、植えなくても勝手に生えてくるのだそう。しかも、30センチほどの苗が、半年ほどで実をつけるようになり、4、5年でヤシの高さに成長します。

コウさん、宮城さんの庭でパパイヤを採らせてもらいました。

村の定番料理といえばこれ！「シリシリイリチャー」作り方

採れたての青パパイヤを使って定番料理

①パパイヤを包丁で二つ切り、なかの種を取り出す。

②丁寧に皮をむく。

③シリシリ（千切り器）ですりおろす。（若いパパイヤの場合はあくが強いので水にさらす）

④すりおろしたパパイヤをフライパンで炒める。

⑤ある程度火が通ったら、ツナ、塩、醤油、カツオ出汁を入れ、汁が少なくなるまで蒸し煮にする。

⑥しんなりしてきたら、最後にニラを加えて完成。

シリシリのこと

「シリシリ」とは「すりおろす動作」を指す沖縄県の方言。すりおろす時の「シリッシリッ」という音から来ているようです。また、すりおろす道具であるシリシリ器のことも「シリシリ」と呼んでいます。

　シリシリ器は、スライサーより粗く、表面の繊維をザクザク断ち切るように削れるため、やや太めのザラザラした仕上がりになります。

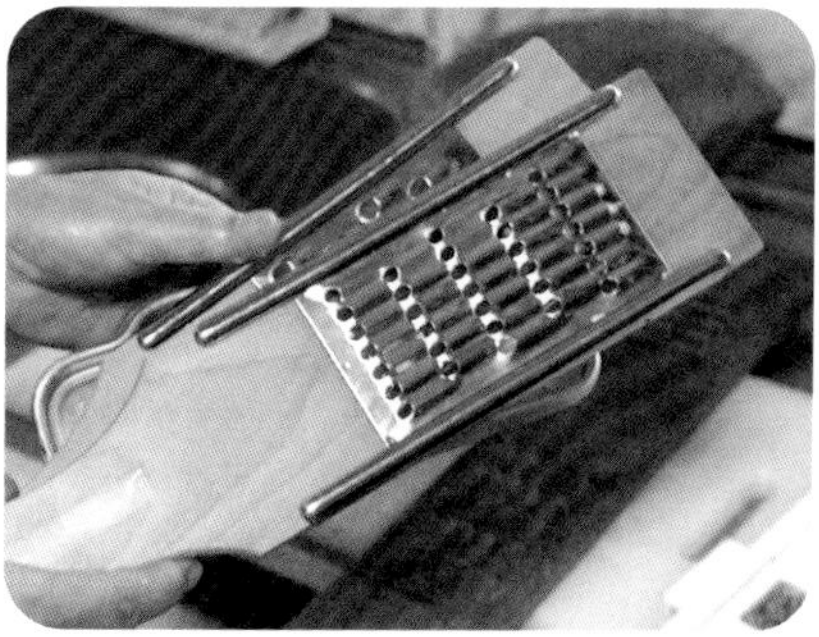

ごろっとした大きさが決め手

手羽先と青パパイヤの煮付け

100年ゴハン
file. 4

パパイヤには肉を柔らかくする酵素がたっぷり含まれています

シリシリとは違って、大きめのパパイヤが……美味しい

ホロホロ。スッと骨が抜ける

離れている子供から「そろそろ食べたい」っていってくる

長寿の秘訣は「食」にあり

「長寿日本一宣言」の村として注目されているのが大宜味村。住民の食生活の特徴として摂取が多いのは、①肉類、②緑黄色野菜、③豆腐に代表される豆類、④果実類だそうです。

パパイヤに含まれる「パパイン」は肉を柔らかくする酵素。これが肉類の摂取を促しているのかもしれません。

（https://www.vill.ogimi.okinawa.jp/soshiki/kanri/gyomu/gaiyo/profile/347.html などをもとに編集部取材）

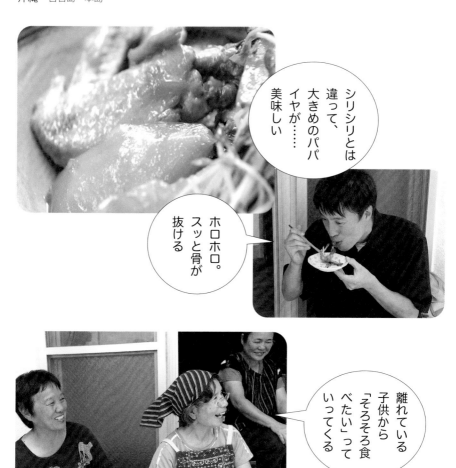

一口飲めば力がみなぎる
パパイヤとソーキのアジア風スタミナスープ

青パパイヤ、ソーキ、干しイカや干しエビ……、海のものと山のもの、互いを引き立てながら、旨味をぎゅっと出して、「味くーたー」（沖縄の言葉で「こくのある何ともいえない深い味わい」）にする。これが、最大のポイントです。パパイヤは、あえてシリシリの状態にしました。

〈材料〉

ソーキ（豚肉のスペアリブ）　10本ほど
青パパイヤ　小さめのもの1個分
干しイカ（水につけておく）　20g
干しエビ（水につけておく）　大さじ2
ニンニクのみじん切り　1〜2かけ
ナンプラー　小さじ2
泡盛　½カップ
万能ネギの小口切り　大さじ2〜3
塩、醤油、サラダ油　各適量
ひきたての粗びき黒胡椒　適量

〈作り方〉

①ソーキを5〜6分ほど下茹でする。
②鍋にサラダ油を熱し、ニンニクを炒める。①の豚肉を加えて全体を絡め、ナンプラー、刻んだ干しイカ、干しエビを加えて炒める。泡盛を加えて強火で煮る。
③水4〜5カップ、塩適量を加えて、蓋をして1時間ほど煮る。
④皮をむいてシリシリ器でシリシリした青パパイヤを水にさらしておく。
⑤③に水気を切った④を加えて、蓋をして4〜5分ほど煮る。
⑥醤油で味をととのえ、仕上げにネギ、粗びき黒胡椒をたっぷり散らす。

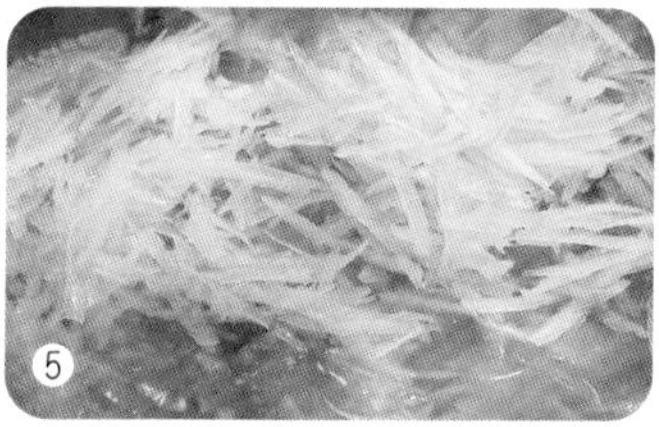

秘めたる決意

沖縄のイメージというと、美しく豊かな自然と、美味しい料理に温かい人々、そしてゆったりと流れる時間……。でも、今回の旅で、沖縄に移住したり、一度島を出てから戻って来られたみなさんにじっくりとお話を伺ってみると、みなさんが沖縄に魅せられているのは、それだけではないことが何となくわかった気がします。

沖縄の郊外の家の屋根の上には、水不足の時のために給水用のタンクが置かれていることが多いのですが、大きな台風が来るとそのタンクが飛ばされてしまうそうです。それを自分たちで屋根の上まで持ち上げるなんてよくあることだよ、と聞きました。かなり大変な作業です。厳しい自然環境のなか、リアルに働いて生きるということ。歴史や基地の問題……。僕自身の日常ではちょっと想像できないような大変なことが、きっと他にも数多くあるのだと思います。

でもグルクン漁師の上原一幸さんは、過酷なはずの漁を大変だと思った

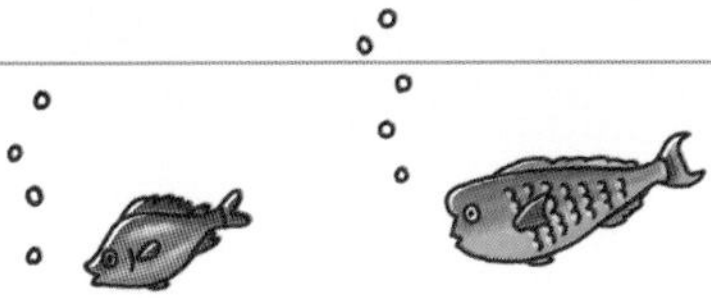

ことはないとおっしゃいます。「とにかく海が好き。だから、自分の使命としてこの海を守っていかないといけない」と。その力強いお言葉と眼差しにドキッとさせられました。さらに「海のなかに入ると毎日発見と驚きがある。そしてそれを毎日続けることが、社会貢献につながる」ともおっしゃっています。

毎日の暮らしや仕事に驚きと発見があれば、いま目の前のことを大切にしたいと思える。仕事に対する考え方や、自分の感覚に対する考え方も大きく変わってくる。そんな仕事をすることで、社会とつながり、社会をより良い方向に導いていけるのかもしれない。沖縄とはそんなことをダイレクトに体感できる場所であり、みなさんはそこに魅せられているのかもしれません。

のんびりゆったり流れる時間なんていったいどこに!?　沖縄で暮らし、生きていくには強い決意が必要なんだ。

豆腐作りで使う海水をいただいた海に祈る山村さんご夫妻、アグー豚の血の塊をまるごといただく我那覇さんのご家族、台風で食べ物がなくなった時に青パパイヤを食べることにも、琉球王国の豆腐ようを受け継ぐ松島さんにも、そんな沖縄のみなさんの秘めたる決意を強く感じた旅でした。

真夏の沖縄、
パパイヤ採りに
苦戦するコウさん

秋の大分、紅葉のなかを撮影

ロケの一期一会

私たち撮影クルーの仕事は、取材地の方々のご協力によって成り立っている。生産者のみならず、各地で出会った市井の方々の支援である。

番組内で紹介するコウさんのレシピは、旅の途中で不意に考案される。旅が進むにつれて、さらにアイデアが膨らむことも珍しくない。食材の調達や雨天によって変更せざるを得ないキッチンの確保等は、すべて地元の方々のご厚意によっている。快く引き受けていただいた感謝の念を込め、皆の思いを味覚に反映させるべく尽力するコウさん。そして、その土地へのリスペクトという隠し味も忘れない。

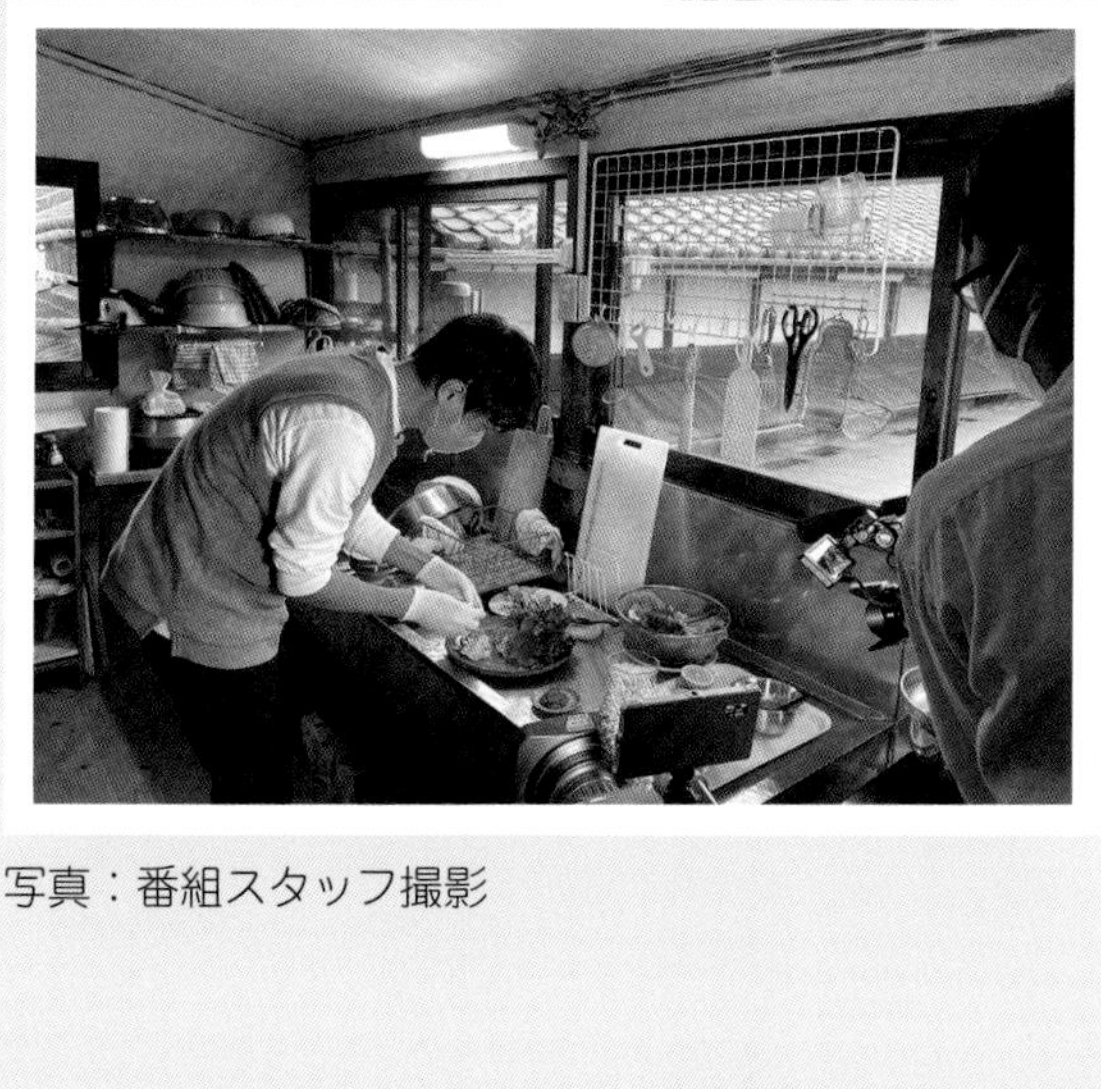

写真：番組スタッフ撮影

いつもコウさんは撮影が終わってもその場を立ち去ろうしない。まだ話したい、離れがたいのだ。もう会えないかもしれないロケ地で出会った人たちとの一期一会を大切にしたい。

番組プロデューサー　菊池 裕

沖縄の強烈な日差しのなかの撮影

コウさんはどこでも人気者！

私たちディレクターの仕事は、取材先に電話をかけることから始まります。

沖縄のある生産者さんにお電話した時の話です。「テレビの取材はもう受けないことにしている」と最初にいわれてあきらめようと思ったのですが、コウケンテツさんが一緒に訪ねることをお話しすると「コウさんが来るの!? いつもYouTubeを参考に料理を作ってるのよ〜」と取材を受けていただけることに。撮影が終わった後もコウさんと話がはずんで大成功。テレビで撮影することで自分たちの仕事を記録に残せたこと、そしてコウさんと話せたことをすごく喜んでもらえました。

大分でのロケでは、コウさんにサインを書いてほしいと取材先のお宅に色紙がたくさん積ん

写真：番組スタッフ撮影

であるのを発見！　この量は大変だ……。と思ったけれど、このときは最後のロケ場所ということもあり、コウさんが笑顔で対応してくれました。でも、実は番組ロケは分刻みの忙しさになることもあります。次の現場で待っている方がいたり、特に冬は太陽が沈んでしまうとハラハラしたり……。そんな時はスタッフとしては本当に心苦しいのですが、みなさんのご希望に応えられないことも多々あります。ご理解いただけると幸いです。この場をお借りして、謝っておきます！

　ロケで、地域のみなさんと素顔のコウさんの交流が見られることは私たちディレクターの楽しみの一つです。

　次はどんな出会いがあるのかな。

番組制作班　**對比地美和**

大分

秋

紅葉の名所から穀倉地帯、
日本一の温泉へ。
豊かな秋の味覚をめぐります

■中津の「から揚げ」
■ツガニまるごと「がん汁」
■別府温泉「地獄蒸し」
■城下町の「頭料理」
■肉厚ごちそう「椎茸」

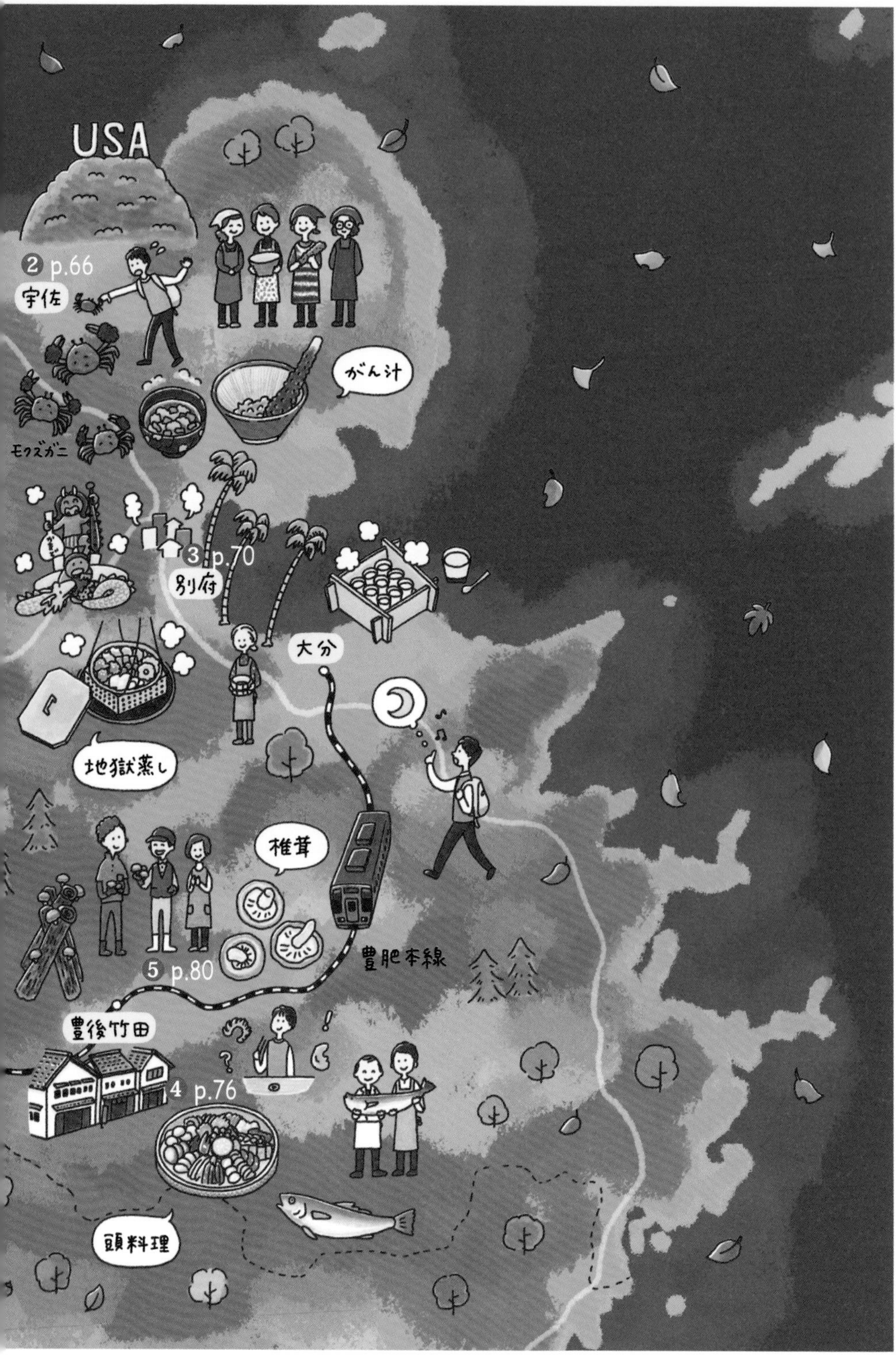
USA
2 p.66
宇佐
モクズガニ
がん汁
3 p.70
別府
大分
地獄蒸し
椎茸
5 p.80
豊肥本線
豊後竹田
4 p.76
頭料理

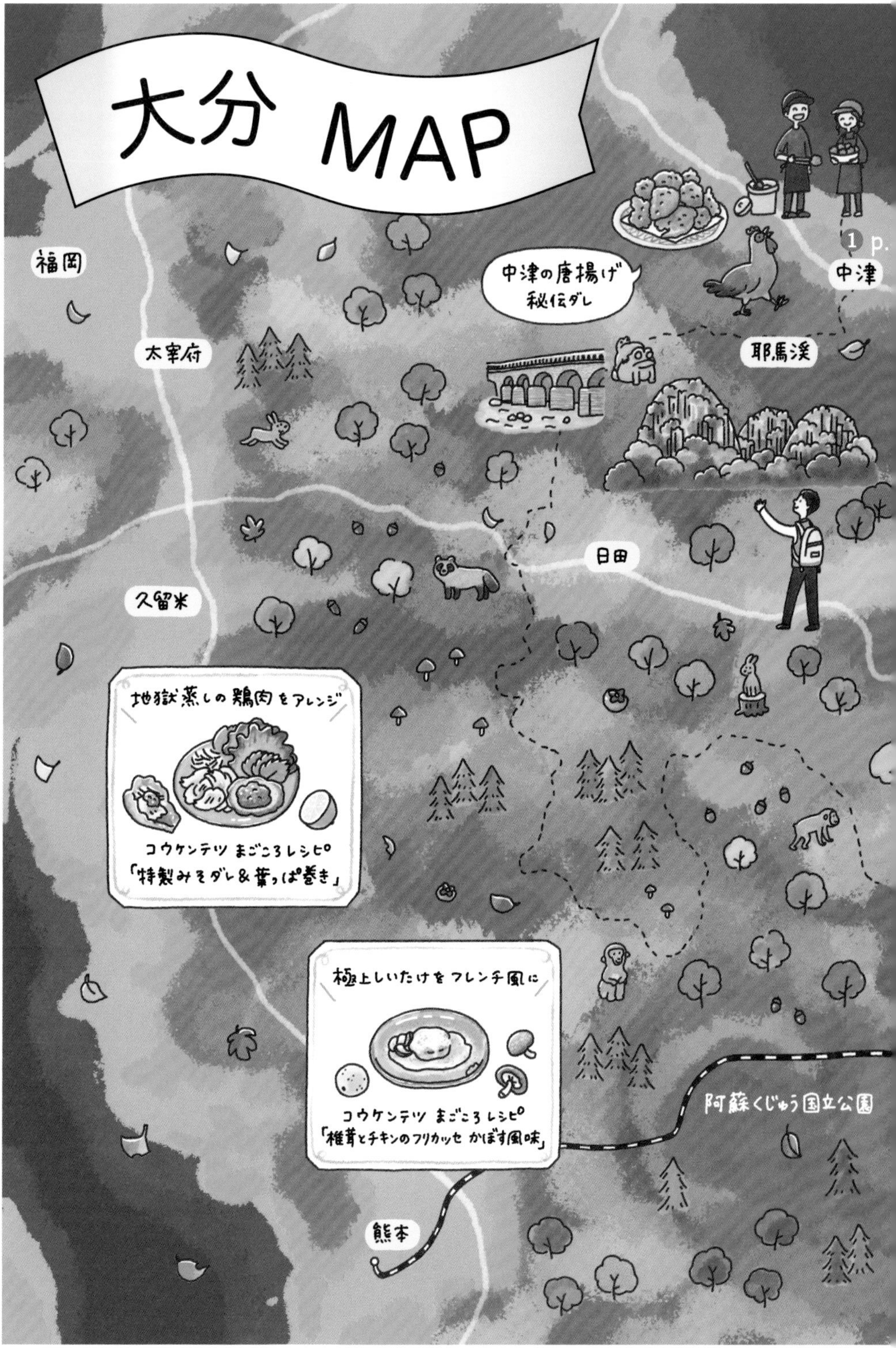
大分 MAP
福岡
太宰府
久留米
中津の唐揚げ
秘伝ダレ
1 p.
中津
耶馬渓
日田
地獄蒸しの鶏肉をアレンジ
コウケンテツ まごころレシピ
「特製みそダレ&葉っぱ巻き」
極上しいたけをフレンチ風に
コウケンテツ まごころレシピ
「椎茸とチキンのフリカッセ かぼす風味」
阿蘇くじゅう国立公園
熊本

半世紀近く地元で愛されてきた味

叔父から受け継いだ「から揚げ」

中津市

MAP 1

No.1食材

大分県は鶏肉の消費量が全国1位、なかでも中津市は「から揚げの聖地」と呼ばれ、市内では40軒ほどの専門店が独自の味を競っています。

半世紀近く地元で愛されてきたから揚げ専門店を訪ねました。1日100キロが売れることもある大人気店です。

店主の清水夫妻がこの店を継いだのは十年ほど前。結婚の挨拶に来た優介さんが、妻の真穂さんの叔父のから揚げに感動したところ「店を継がないか」と持ちかけられたのです。優介さんは半年悩んだ末、大阪から移住する

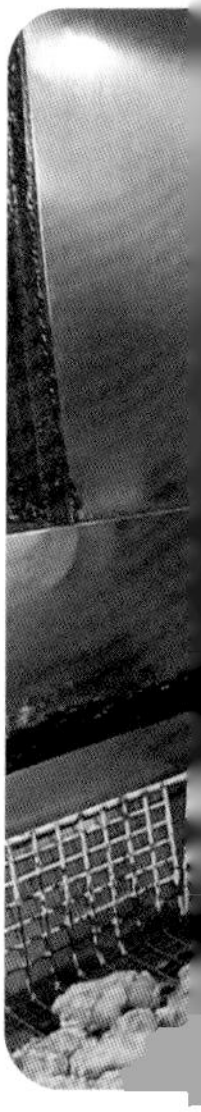

地元の中津神社で、祭壇にから揚げを供えて毎年催される鶏供養

ことを決めて修業に入りました。しかし、秘伝のタレだけはなかなか教えてもらえず、ようやく3年後に店を継ぐことが認められました。

しかし、同じ味のつもりでも、常連客からは「前のほうが良かった」と厳しい言葉を受けることも。さらに工夫し、お客さんからも認められるまでに4年かかったそうです。

店内に並ぶ常連客のみなさん

修業を始めてから7年

ようやくお客さんに認めてもらいました

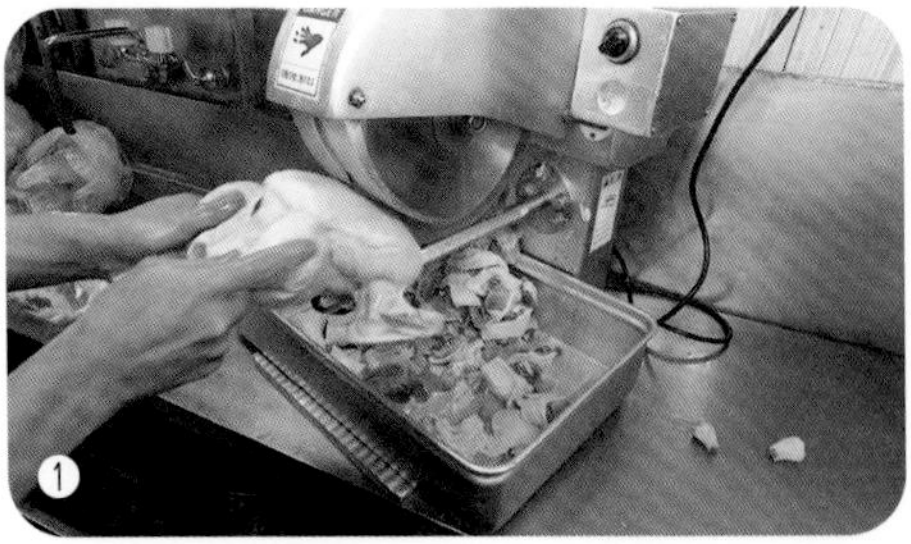

①一羽丸ごとの鶏をカット。一羽丸ごと仕入れる店は中津でも珍しい。美味しいものを安くと、先代が考えました。

②塩と醤油、一味唐辛子などで下味を付け、冷蔵庫で一晩寝かせます。

③揚げる直前に秘伝のタレを加えて味付けをします。作り方は奥様にも教えないという秘伝中の秘伝です。

タレを見た感じ、玉ねぎは入っていますね？

入っています

ニンニク、生姜も入っていますね？

それ以上は……真似されると困るんで

④片栗粉をまぶす。

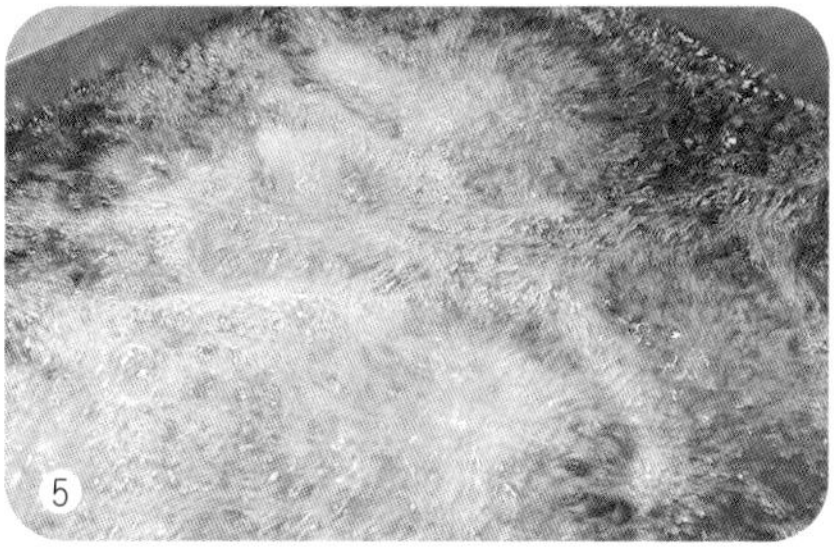

⑤菜種油で揚げる。

揚げ時間をタイマーで計らないんですね？
ぶつ切りなので、鶏肉の大小があって、タイマーで計れないんです。見た目で揚げてます

秘伝のタレだけはすぐには教えてもらえなかった。叔父はいつも知らない間に作っていて

◉からあげ おきな
中津市耶馬渓町柿坂 525-4
☎ 0979-54-2056（火曜定休）

大分のUSA
といえば宇佐
でございます

産卵にくるツガニを丸ごと味わう

USAの「がん汁」

宇佐市

MAP 2

100年ゴハン
file. 5

国東《くにさき》半島の付け根に位置する宇佐市のローマ字表記は「USA」、アメリカを思わせることから、市内の山に「USA」という看板が掲げられています。

市内にはいくつもの川が流れていますが、その一つの河口で兼業農家の酒井秀明さんと永松義雪さんが獲っていたのが、ツガニ（モクズガニ）。高級食材として知られる上海ガニの仲間で、産卵のために下ってくるところを、川の流れを利用した受け網に追い込みます。ツガニの旬は子を持つ秋。これを「がん汁（カ

駅館《やっかん》川漁業協同組合組合長の酒井秀明さんと永松義雪さんが川に受け網を仕掛ける

元気なツガニに指を挟まれて

ニ汁)」にしていただくのです。

がん汁はツガニの身も殻もミソも卵も丸ごと使うため、手間暇のかかるワイルドな料理です。しかし、出来上がってみると、ほかにはない香りと食感が楽しめる味わいに。いつまでも守り続けてほしいUSAの味です。

命を凝縮したかのような

ツガニのエキスと高菜の香り

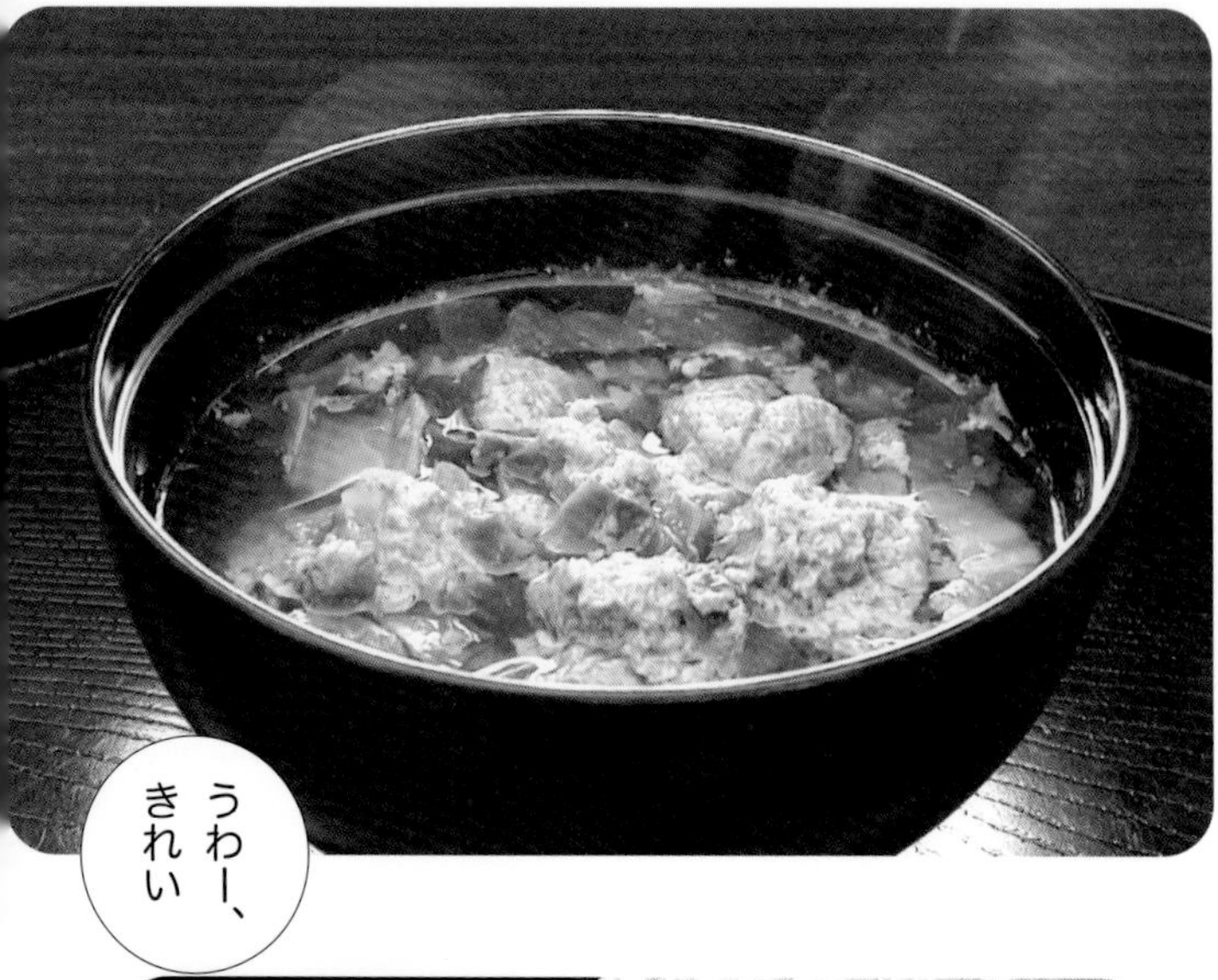
うわー、きれい

あの硬いカニがこんなにフワフワになるなんて

がん汁名人（左から）
河野節子さん、矢野悦子さん、
荷宮みち恵さん

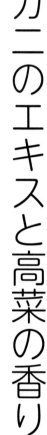

名人流「がん汁」作り方

①生きたツガニをよく洗い、一杯ずつ包丁で半分にする。

②すり鉢で殻ごと潰しながら細かくし、ある程度細かくなったらザルにあける。

③ヘラでツガニをザルに押しつけながら水で蟹ミソをボウルに流す。②と③を３～４回程度繰り返す。

④③でこしたカニ汁を鍋に入れ、塩を加えて中火にかける。しゃもじで鍋底から静かにかき混ぜて焦げ付かないようにする。

⑤高菜を１センチくらいの幅に切り、鍋の汁がフツフツし始めたら、切った高菜を入れ静かに混ぜる。

⑥ツガニの身が浮き上がって高菜にとまり、汁が澄んできたら、醤油で味をととのえ再び沸騰させ火を止める。

もはや大分の原風景　別府

MAP 3

湯けむりの別府温泉

あちこちから湯けむりが立ちのぼる温泉都市・別府

源泉の数も湯量も日本一で有名な別府温泉。実は市内各地に数百もある温泉の総称で、単純温泉、塩化物泉、炭酸水素塩泉、硫酸塩泉など、泉質に応じてそれぞれ違う効能があります。なかでも古くから由来のある8つの湯は「別府《べっぷ》八湯《はっとう》」と呼ばれ、8世紀初頭にまで歴史を遡れる温泉もあるそうです。

別府は毎年500万人以上の人が訪れる「温泉都市」とも呼ばれています。

この地域独特な貸間の街並み

貸間の風呂で
療養する湯治客

別府の町にはあちこちから湯けむりがあがっています。この湯気を利用して作られるのが「地獄蒸し」。

温泉街の一角には、素泊まりの湯治客用の「貸間《かしま》」が軒を連ねています。お客さんは温泉で体を癒やしつつ、自炊で過ごす――長期療養向きのリーズナブルな料金になっているのです。

「地獄蒸し」のプリン

貸間民宿の自炊のために
源泉「地獄蒸し」

100年ゴハン file. 6

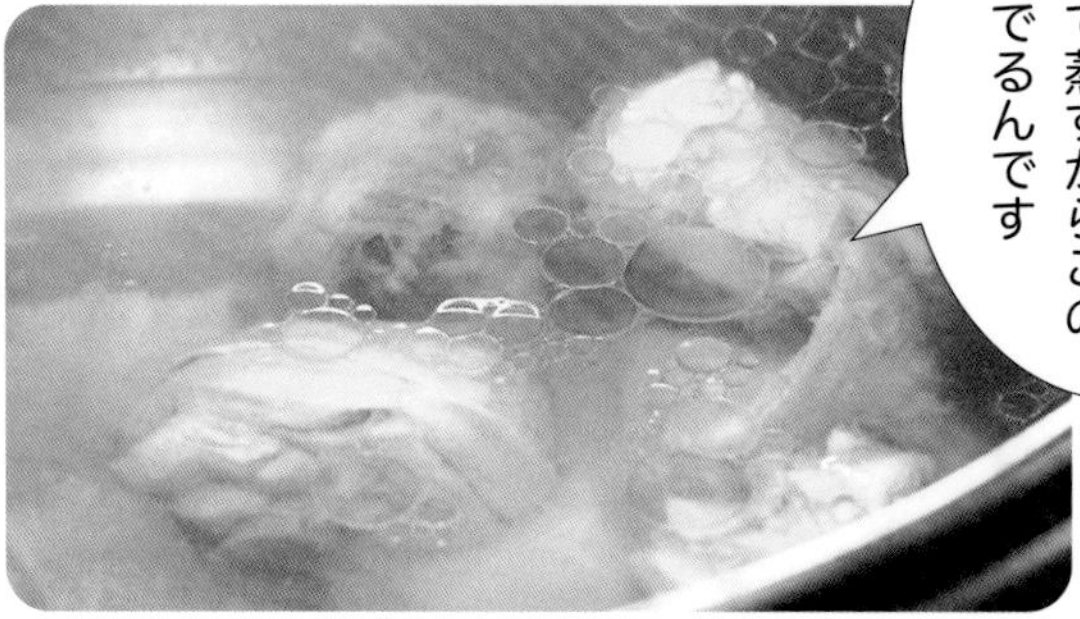

染みわたる味。特別な成分の高温の蒸気で蒸すからこの味がでるんです

水のなかにかしわ（鶏肉）を入れて地獄釜で蒸すだけ

地獄蒸しを体験するために、コウさんは貸間民宿を訪ね、自炊場をみせてもらうことにしました。庭に出ると、地下から湧き出た源泉を利用した「地獄釜」の口が4つ並んでいます。

さっそく、ザルに載せた肉やブロッコリー、ニンジン、トウモロコシの輪切りなどの盛り合わせを蒸してもらうと……。10分ほどで鮮やかな色に仕上がりました。

「それぞれの良さがグッと出てくる。甘みも旨味も増すし、調味料がなくても本当に美味しい」とコウさんも

野菜がきれいな色に
蒸し上がってますね

双葉荘の自炊場「地獄釜」

こうやって紐が
出ていると、
この釜は使用中
とわかるんです

大満足！　温泉の蒸気で蒸し上げると、ミネラルが豊富になるといわれています。

　続いて、女将のアサ子さんが釜から出してくれたのは、鶏スープです。骨付きの鶏肉を鍋の水に入れ、３時間地獄釜で蒸しておくだけのシンプルな一品。自家製の柚子胡椒と大分名物のかぼすをたっぷり加えていただきます。

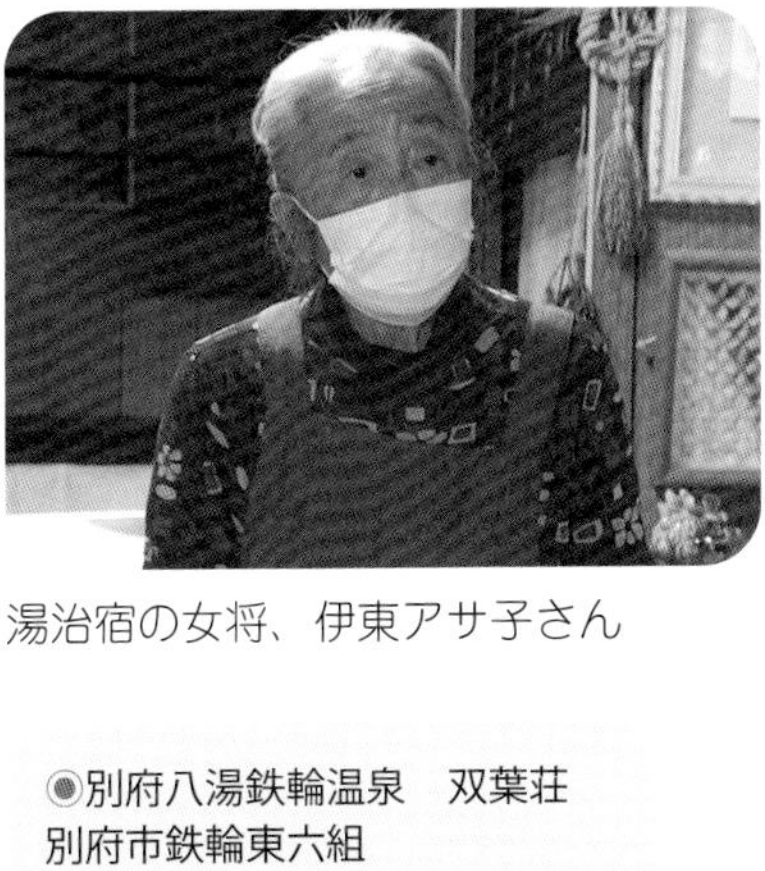

湯治宿の女将、伊東アサ子さん

◉別府八湯鉄輪温泉　双葉荘
別府市鉄輪東六組
☎ 0977-66-1590

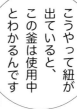

手早く作って、味変を楽しむ

特製味噌ダレ&葉っぱ巻き

地獄釜で作っていただいた鶏肉の極上スープから思いついたのがこの料理。鶏肉を美味しくいただくために、韓国の唐辛子味噌コチュジャンを使った特製味噌ダレを添えてみました。

酢はご自宅のもので十分ですが、かぼすが手に入るようなら、たっぷり入れるとまた違う味が楽しめます。

〈材料〉

味噌　大さじ1
コチュジャン、砂糖、酢　各小さじ1
白すりごま、ごま油　各小さじ1
長ネギみじん切り　5cm分
白髪ネギ、大葉、サニーレタス、サンチュなど　適量

〈作り方〉

すべての調味料と長ネギを混ぜる。食べやすく切った鶏肉、特製味噌を生野菜で巻いていただく。
※酢は、かぼすにしてもよい。
※タレの材料は3〜4倍量ほどご用意ください。

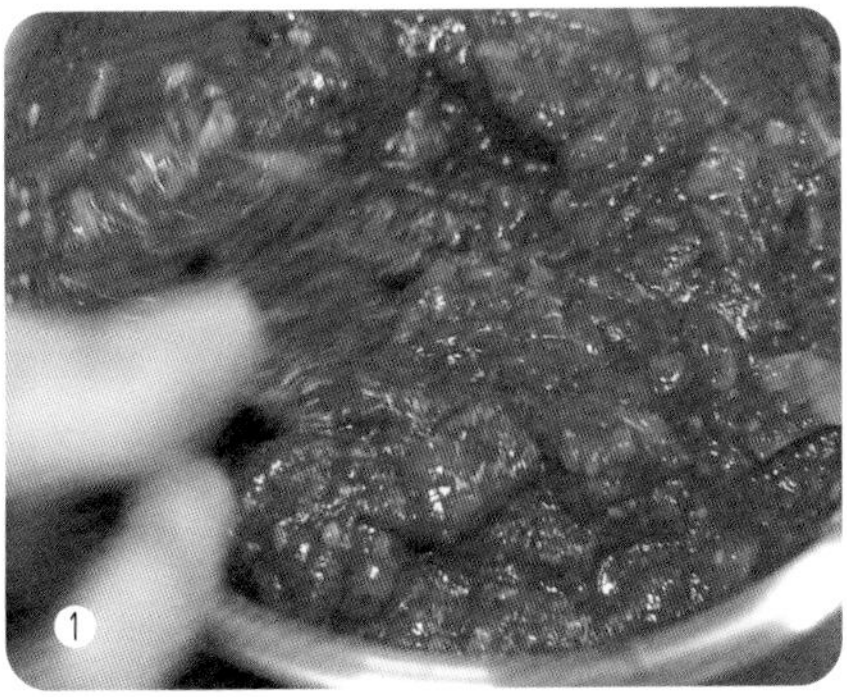
1

2

3

一匹の魚を余さず食べる知恵

謎の「頭料理」とは？

竹田市

MAP 4

100年ゴハン file. 7

頭料理の皿（時計の１時のあたりから右回りで）
正身、口のなかの皮、煮凝り、肝臓、胃袋、卵巣、皮、のど、煮凝りの皮巻き、ハラミ、エラ、くちびる、浮き袋

1000メートル級の山々に囲まれた竹田《たけた》市は、滝廉太郎が「荒城の月」の着想を得たとされる岡城を擁する城下町。海から遠いこの町に伝わるのが、魚を使った独特の「頭《あたま》料理」です。

「江戸時代は、海のほうから約1日かけて魚を運んでいたそうです。そのため内臓から頭の肉から全部食べつくす料理ができました。もったいない料理の始まりです」と、料理人の友永修治さんはいいます。

小さな魚は途中で腐ってしまうため、オオニベ、クエなど大型の白身魚が選ばれ、さらに、ふつうなら捨ててしまう部分まで美味しく食べる調理方法が生まれたのです。

一皿に13もの部位が盛り込まれる頭料理、食べてみてどの部位なのか、コウさんに当ててもらうことにしました。

なかなかちょっと、挑戦的な感じでございますねぇ

どの部位か当てていただけますか？

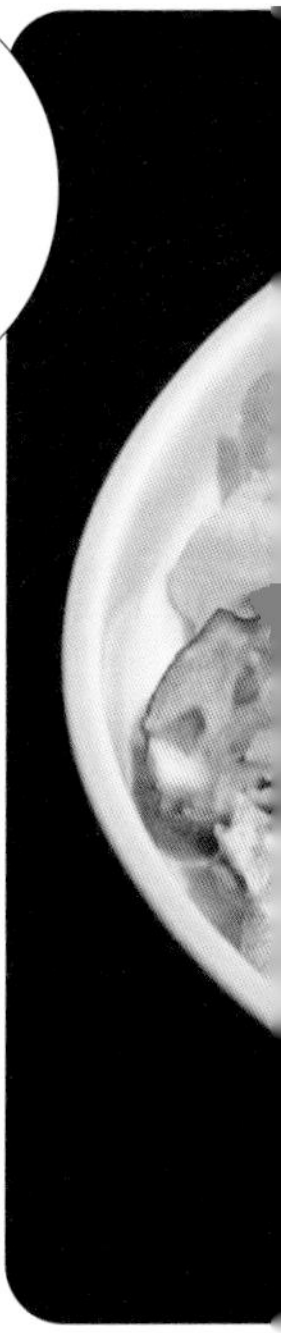

頭 Quiz ❶

「まつげ」と呼ばれている部分です

正解！

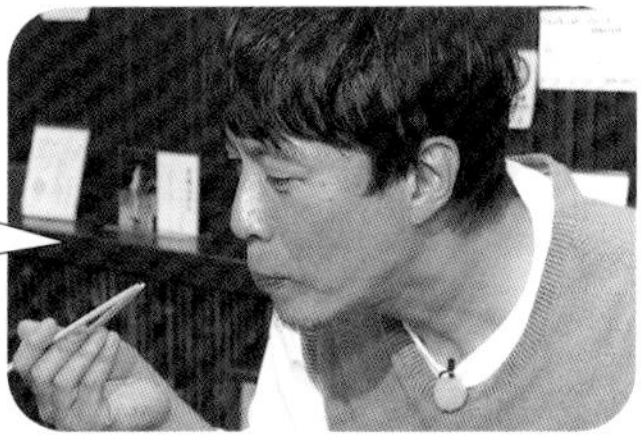

コリコリとした食感。口のなかが楽しい。これは普段絶対食べない……エラの部分でございますね

頭 Quiz ❷

このゼラチン質の部位は？

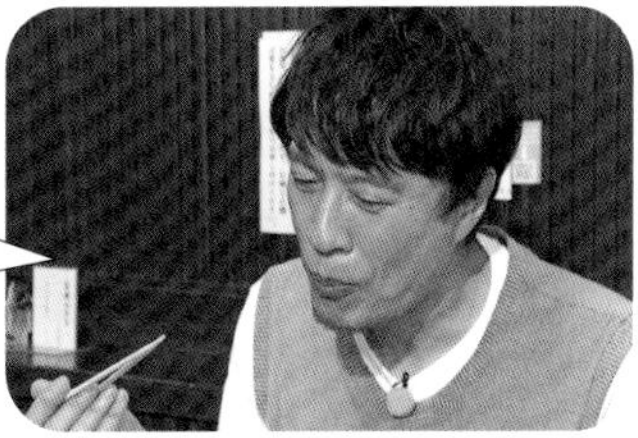

う～ん、弾力が美味しいですね。これは頭の中身のほう……じゃなくて、くちびる？

そうです。口のなかの、上顎の皮です

下処理だけで3時間

味を支える料理人の丁寧な仕事

1.3メートルのオオニベ

頭料理の調理は、下処理がその大部分。魚の骨格や特徴が隅々まで頭に入っていないと包丁を入れられないといいます。この日届いていたのは、50キロ余り離れた港町・佐伯で一本釣りされた、1・3メートルのオオニベです。

「エラは硬い部分を掃除しておかないと食感が悪い。包丁でよくしごいて、水にさらせば白くなっていく」と修治さん。

下処理だけで3時間。これを一つひとつ塩茹でに。部位によって温度や茹で時間も細かく調整します。

「エラはさっとほんの何秒か。卵巣は弾けないように経木で包んで、しっかり火が通るように10分から15分くらい」

竹田で頭料理が作れる料理人は現

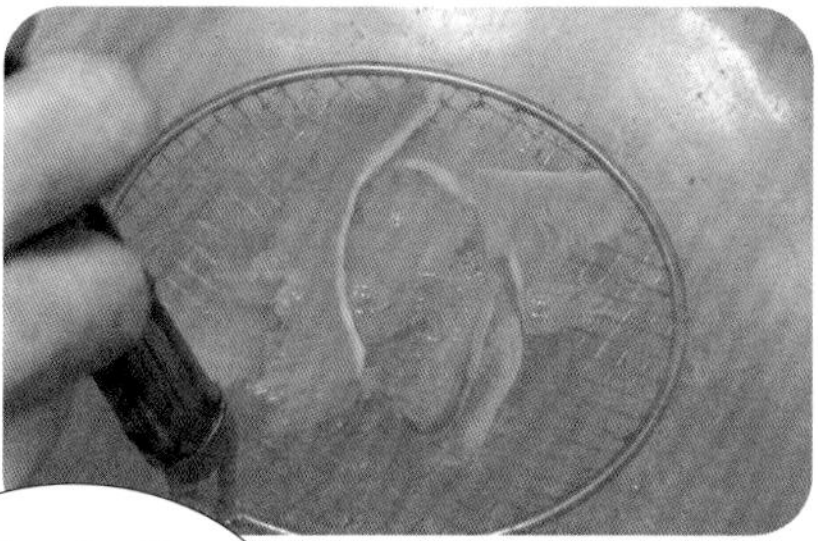
まつげは湯にくぐらせるとくるんと丸まります

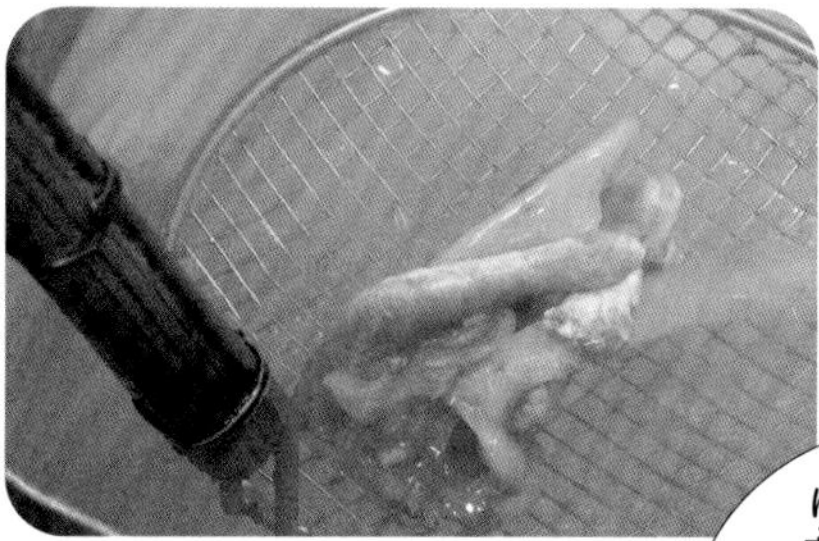
くちびるは骨から取れるようにしっかり茹でます

頭の身や骨に残った身を丁寧にほぐして作る煮凝り

在5～6人。技を伝えていくのも難しくなっていますが、修治さんのお店では、息子の創介《そうすけ》さんが3年前にUターンして修業を始めました。

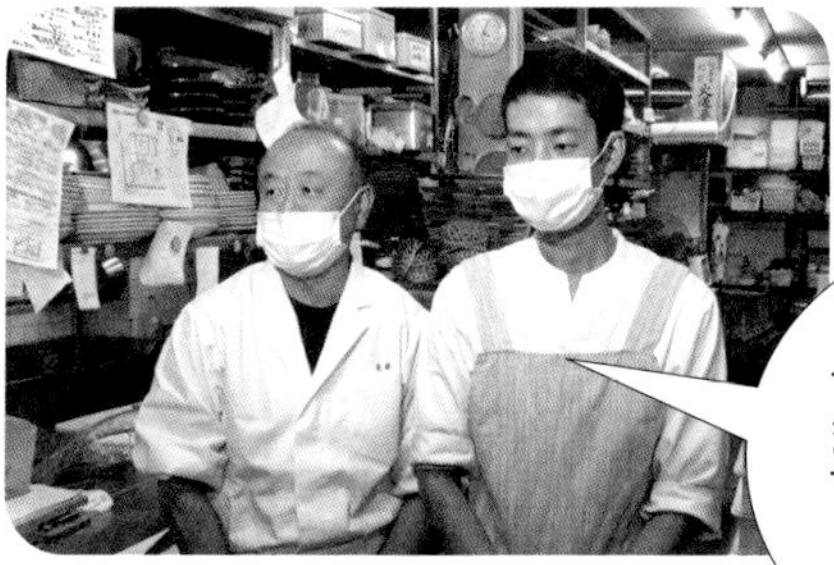
竹田でやってこそ意味のある料理だと思ってます

◉竹田郷土料理 魚町 友修
竹田市竹田町 284
☎ 0974-63-2254
営業時間：昼 11:30-14:00 、夜 17:00-21:30 ※頭料理は要予約

バターの風味、ナッツの香り

採れたての椎茸をナマで食べる!?

竹田市郊外

MAP 5

No.1食材

大分県は椎茸王国。とりわけ干し椎茸の年間生産量は800トン以上と、ダントツの日本一です。

倉橋清晴さんが椎茸を栽培するホダ場は約5ヘクタール、東京ドームほどの広さに20~30万本の原木が組まれています。

椎茸は、菌打ちから収穫までおよそ3年。クヌギの原木に椎茸の菌がつまった種駒《たねごま》を打ち込みます。その数は1年で約40万個。すべて手作業です。

菌が原木に充満するまでにおそよ2年。その間に欠かせないのが林の

このまま食べてみてください

椎茸農家の倉橋清晴さん

椎茸のもぎたて、初めて

※倉橋さんに虫などがついていないことを確認してもらった上で、かさの部分のみ食しています。家庭では、椎茸は必ず加熱してください

バターのような濃厚な風味、ナッツのような香り……

枝打ちです。枝打ちによって適度に日差しが当たるようにし、気温が5度から18度で維持できるようにします。温度加減が、育ってくる椎茸の大きさを左右するのです。冬場はシートをかけ、高い湿度を保つことも大切ですが、すべての原木を覆うには、まる3日かかります。

干して旨味を凝縮

乾燥の温度と湿度が決め手

左から、冬菇（どんこ）、香菇（こうこ）、香信（こうしん）

椎茸の菌がつまった種駒

　倉橋さんが、ホダ木から冬菇《どんこ》、香菇《こうこ》、香信《こうしん》を採ってくれました。

「この3つは種類が違うんですか？」とコウさん。「同じものです。若いものからだんだんかさが開いていき、名前が変わります」と倉橋さん。最高級の冬菇は、香信の30倍もの値段になるそうです。

　干し椎茸にするには、収穫後の乾燥が大事な工程になります。大きな乾燥機に入れ、乾燥温度、水分の温度、時間を5段階で設定して乾燥させています。椎茸は干すことで旨味成分のグルタミン酸が生椎茸の15倍にもなります。

「温度設定によって椎茸の出来上がりの

これで光が
入ります。
程よい光が

ここまでの
道のりが
長いですね

色が変わったり、軽くなったり重くなったり」と息子の聖惣《せいぞう》さん。
「軽トラックいっぱいの椎茸が全部ダメになったことが何回もあります」と清晴さん。この努力があってこその味です。

出来上がった干し椎茸。
だいぶ小さくなりました

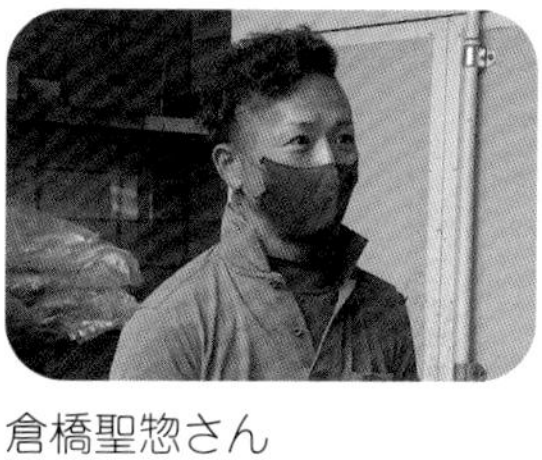

倉橋聖惣さん

◉久住高原しいたけ
竹田市久住町大字栢木 4033
☎ 0974-77-2504

倉橋さん家の定番2品

肉厚ごちそう椎茸料理

定番1「椎茸の煮付け」作り方

①干し椎茸は洗ってから、一晩水につけて戻す。
②軸をハサミで切って鍋に入れる。この時石づきは取り除く。干し椎茸を戻した水の上澄みをおたまですくって入れる（下に汚れが溜まるので、必ずおたまですくって入れる）。
③煮立ってきたら、酒、醤油、みりん、砂糖を加え、落とし蓋をする。ときどき味見をして、足りない調味料を加える。
④煮汁が少なくなったら完成。

清晴さんの妻・律子さんが持ってきてくれたのは、倉橋家定番の椎茸料理2品。律子さんが嫁いだ頃に義母がよく作ってくれたのだそう。

干し椎茸を戻し、甘辛く煮含めた煮付けは、軸の部分も大切に使います。もう一品の酢味噌あえは、生椎茸をさっと茹で、ネギとともに酢味噌であえたもの。出荷できない形の悪いものを使います。

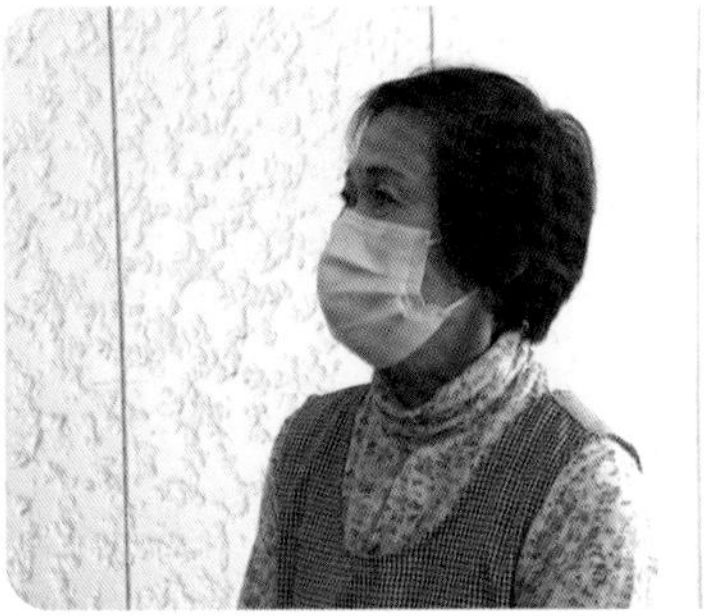

倉橋律子さん

定番２「椎茸の酢味噌あえ」作り方

①沸騰した鍋にネギを入れて２分ほど茹でる。
②茹で上がったらザルにあげて、軽く水気を絞り、３cm 幅で切ってさらに水気を絞る。この時、青い部分と白い部分を分ける。
③生の椎茸を３cm 幅にスライスして、ネギを茹でた鍋で茹でる。
④椎茸が柔らかくなってきたらザルにあげて、水気を絞る。
⑤椎茸、ネギの青い部分、ネギの白い部分が３色になるように盛り付けて、酢味噌をかけて完成。

噛めば噛むほど椎茸の旨味がどんどん出てきます

大分椎茸とチキンのフリカッセ、かぼす風味

椎茸の旨味を活かして、フレンチ風の一皿を作ってみました。椎茸はかさだけでなく軸も手で裂いて入れると、椎茸の出汁が出ますし、味も染みやすくなりますよ。
最後に、大分名物のかぼすの酸味を加えることで、味が引き締まります。同じく大分名物の柚子胡椒も、ぜひ試してみてください。

〈材料〉

骨付き鶏もも肉	2本
生椎茸	5〜6枚
生クリーム	200㎖
塩、粗びき黒胡椒	各適量
ニンニクのみじん切り	½かけ
玉ねぎのみじん切り	½個
オリーブオイル	大さじ3〜4
日本酒（料理酒ではない）	1カップ
水	50〜100㎖
パセリのみじん切り	適量
かぼす	½個
柚子胡椒	適量

〈作り方〉

①椎茸は石づきを取り、かさも軸も手で裂く。鶏肉は骨に沿って切り込みを入れ、関節で半分に切って軽く塩をふる。

②フライパンにオリーブオイル大さじ2を熱し、鶏肉の両面をこんがりと焼く。

③別のフライパンに残りのオリーブオイル、玉ねぎ、ニンニクを入れてじっくりと炒め、しんなりしたら、椎茸を加えてさっと混ぜる。

④③を②のフライパンと合わせ、酒を入れて強火でアルコールを飛ばしたら、塩2つまみを加え蓋をして弱火で2〜3分煮る。次に水を入れ、蓋をしてさらに5分ほど煮る。

⑤生クリーム、塩を入れて、軽くとろみがつくまで煮る。仕上げにかぼすのしぼり汁を入れ、火を止める。

⑥器に盛り、柚子胡椒は横に添えて、黒胡椒、パセリ、かぼすの皮のすりおろしを散らし、最後にかぼすのしぼり汁をまわしかける。

唯一無二の食文化の底力

から揚げの美味しさの謎を解きたくて、これまで北海道から沖縄まで、全国各地の名店を訪ね歩きました。から揚げはシンプルだからこそ謎が多く、奥が深い。1個の重さから、衣は何を使うか、下味、油の種類や揚げ時間……、それぞれ違うからこそ、そこに作り手の個性や情熱を感じることができるのです。大分といえばから揚げの聖地、中津と宇佐には名だたる専門店がひしめきあっています。『おきな』さんもそんな名店の一つ。店主の優介さんは細かい数値よりも自分の感性を大切にされていました。計量、計測をせずに、五感をフル稼働させて最高に美味しいから揚げ作りに挑む。その姿勢は潔くかっこ良い！

実は福岡で10年以上、料理番組を担当させていただいた時期がありまして、

九州各地を巡りました。大分には何十回も取材で訪問させていただき、食材の宝庫だということはもちろん承知していたのですが、今回の旅で唯一無二の、大分ならではの魅力を新たに体感することができました。

山間の城下町・竹田での、1匹の魚を、骨とウロコ以外食べつくす「頭料理」は、本来なら捨ててしまう部位を丁寧にばらして、それぞれに適した調理を施すことで、味も盛り付けも最高に仕上げてくれます。海から遠い地域だからこその料理ですが、その歴史も含めて、ただただ感動。

ツガニを殻やミソごと砕いて作る、ふわふわ食感がたまらない「がん汁」、アニメの世界に飛び込んだかのようなロケーションも含めて格別な「別府の地獄蒸し」、濃厚な旨味の「日本一の椎茸」など、唯一無二の食・文化に溢れ、そしてその現場に「自分がやらないと！」と、自らの使命として捉えている方々がいらっしゃる。後継者の問題は本当に切実なのですが、それ以上に、日本が世界に誇る大分の食文化の底力、そして未来に対する希望も感じられた旅でした。

島根

冬

神々のふるさと・出雲。
冬の日本海で獲れた美味しい
お魚をいただきます

■松江のソウルフード「サルボウ貝」
■珍味「サバの塩辛」
■出雲ぜんざい 発祥の味
■ノドグロ「ひかか焼き」
■酒蔵の秘蔵「うずめ飯」

サバの塩辛
3 p.102 江島大橋
2 p.98
美保関漁港
鹿島
美保関
大根島
境港
松江
一畑電車
出雲大社
中海
1 p.94
出雲
4 p.106
出雲大社
中海のサルボウ貝
門前のぜんざい
刺身盛り
イカづくし
宍道湖のシジミ
福山
三原
尾道

島根 MAP
深海の赤い宝石
ノドグロ
和江漁港
大田
5 p.110
大田の
ひか焼き
うずめ飯を洋風アレンジ
コウケンテツ まごころレシピ
「サバと野菜のうずめ飯」
津和野
6 p.116
津和野の
うずめ飯
広島

幻のサルボウ貝

絶滅したといわれた貝が復活

大根島

MAP 1

ブイがたくさん浮いているあたりが養殖場

中海《なかうみ》は全国で5番目に大きな湖で、淡水と海水が混じり合った汽水湖になっています。通常の海水の塩分濃度は約3・5％ですが、中海はその2分の1ほどです。

この中海に生息しているのが、サルボウ貝。昭和30年頃には年間千トン以上の水揚げがあったそうです。その後の干拓事業による水質悪化などの影響で、70年代後半にはほとんど採れなくなり、絶滅したのではといわれていました。ところが、2005年頃に地元の漁師が偶然発見したのです。

プランクトンが集まる淡水と海水の境目、水深2メートルくらいがサルボウ貝の養殖に適しています

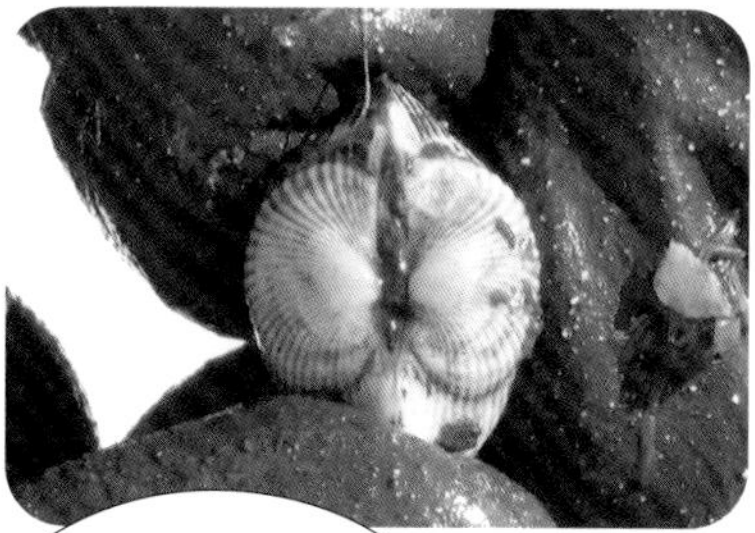

かごで吊っているんですね

ふっくらしているところが猿の頬みたいなので、サルボウ貝

漁師の柏木利徳さんたちは、なんとか伝統の味を蘇らせたいと養殖業を開始。２０２３年は年間８トンの漁獲があり、軌道に乗りました。

漁師の柏木利徳さん

中海を味わうように

蘇った松江のソウルフード

100年ゴハン
file. 8

「サルボウ貝の煮付け」

①鍋に入れた酒、みりん、醤油が煮立ち始めたら、
よく洗ったサルボウ貝を入れる。

②5分ほどで貝が開き始める。
身が固くならないよう、煮すぎないことがポイント。

味が馴染んだら、煮付けの完成。

「焼きサルボウ貝」

子供の頃はこんなふうに焼いてました。お年寄りのお茶うけだったり、作業の暖をとりながら火に入れて焼き、ちょっと摘むとか。夕方になるとそれで一杯やるとか。生活に密着していた貝です

ストーブの上で焼く。

プリンプリンですね！　ちょっと驚くべき食感。あとからジワ～ッと旨味が出てきます

中海を味わっている感じがします

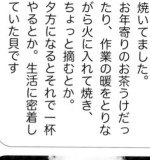

有形文化財の宿で時を旅する

築120年に迫る伝統の建築

美保関

MAP ❷

1908（明治41）年に建てられた旅館、美保館

書籍 オリジナル

松江市内の美保関《みほのせき》は、古くから海上交通の要所、風待ちの港として栄えてきました。アジア大陸との貿易の山陰における拠点であり、室町時代にはたたら製鉄による鉄の輸出港として幕府の直轄領になっています。

さらに江戸時代には鯨漁の基地、北前船交易の重要港として栄え、港からほど近い青石畳通りには50軒ほどの廻船問屋が建ち並んでいました。

1902（明治35）年、山陰初の鉄道開通を機に、廻船問屋から美保関で初めての本格的な旅館に建て直したの

雨に濡れて色味を増す青石畳通り

美保関漁港から歩いてすぐ（NHK 番組「美の壺　スペシャル「神社」」2023年１月６日放送より）

が、いまに続く定秀哲也さんの宿、美保館です。建具や電灯などは当時のものを使用、２００４年には国の有形文化財にも指定されている名建築です。

（文・編集部、写真・番組提供）

港で仕入れた魚介を朝ご飯に
獲れたての刺身の舟盛り

今朝、水揚げされた獲れたての魚

朝5時、まだ暗い美保関漁港には漁を終えた船が次々に帰ってきます。

島根半島に位置する美保関漁港は、古くは出雲の和鉄や年貢米を積み出す日本海西部有数の港として賑わい、現在では、地元漁船の基地港として使用されています。

ここに水揚げされた魚介類は、仲買人だけでなく、誰でも自分の好きな魚を1匹単位、量り売りで買うことができます。

コウさんが出会った定秀さんも、毎朝、ここでその日に使う魚を直接仕入れています。

目の前の海を見ながら、その海で獲れた魚をいただく朝ご飯、なんとも贅沢です。

今朝獲れたての定置網のお魚でございます

旅館の主人
定秀哲也さん

刺身の舟盛り。通常は夜出すものを特別に作ってくれました

美味しい、最高!!
水揚げされたそのままのイカは噛めば噛むほど甘味が！

◉美保館
松江市美保関町美保関 570
☎ 0852-73-0111
https://www.mihokan.co.jp/

冬の朝ご飯メニュー
「イカの刺身とあぶりのイカづくし」と
宍道湖のシジミの味噌汁

サバ好きの男たちの宴
珍味「サバの塩辛」
松江市鹿島町

MAP 3

100年ゴハン file. 9

伝統の味、サバの塩辛

日本海の美味しい魚のなかでも、島根県民が大好きなのはサバ。全国で常に消費量の1位、2位を競っています。

松江市の日本海沿いにある鹿島町《かしま》を歩いていると、なにやら男たちの騒がしい声が……。訪ねてみると、料理好きの男たちが毎週末に集まる食事会の最中。コウさんも入れてもらうことにしました。

まず勧められたのは、サバの身とはらわたを3か月漬け込んだ、この地域伝統のサバの塩辛。「この熟成度と発酵がすごく美味しい」とコウさん。

さらに、サバの塩辛を使った生姜のたたきやイカのバター炒め、パスタなど、それぞれが考えたアレンジ料理が盛りだくさん。みなさんプロ級の腕前です。

リーダーの田中宏明さんは、漁師の父親の味を受け継ぎ、加工場を開設以来およそ三十年、県外にも出荷しています。

50メートル前からみなさんの声が聞こえてました

毎週末に開かれる食事会。
中央がリーダーの田中宏明さん

結構辛いですけん。覚悟して食べていただければ

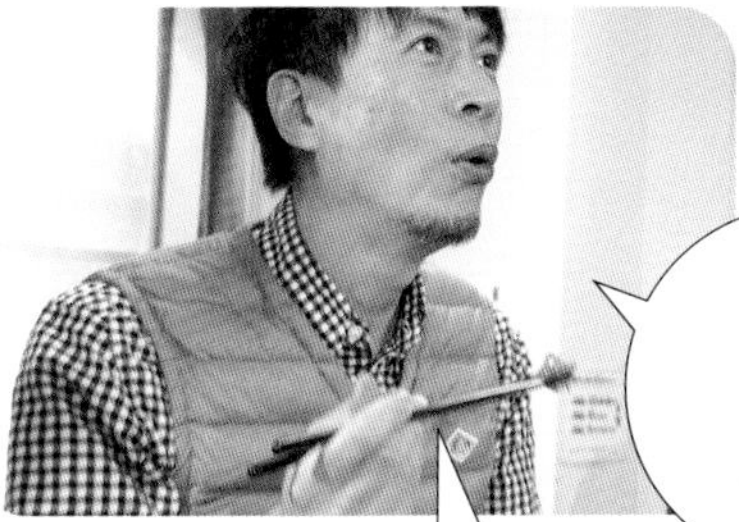
お！　おお！
ウマ、これ!!
ちょっと臭みがあるのかなと思ったら全然ないじゃないですか

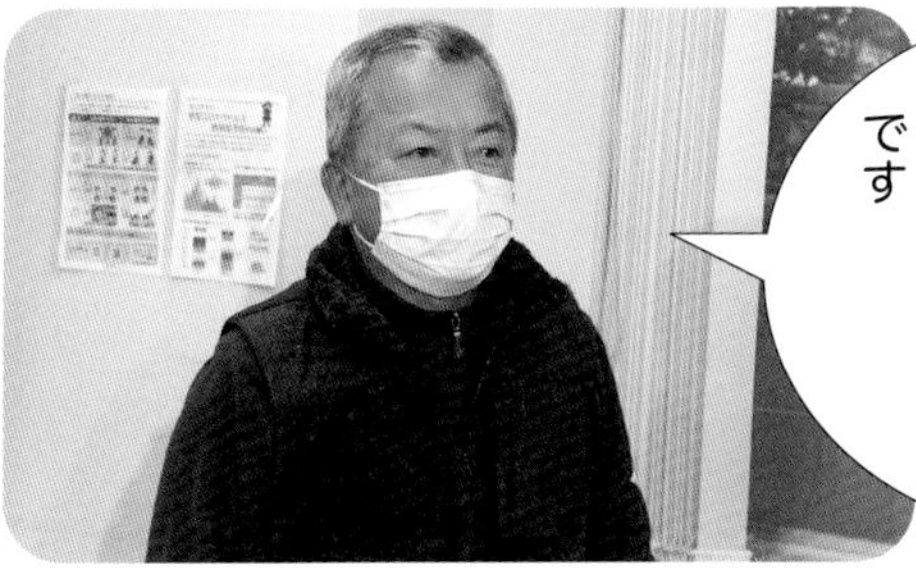
爺さんや婆さんから受け継いだものがあるんで、教えてもらいながら作ってるんです

お酒にもぴったり

サバの塩辛とアレンジ料理

酒のアテにね

最高！

バターと塩辛の旨味、
イカとの相性。
お店の味です

調味料として
使うんですね。
サバの塩辛を

1、サバの塩辛と生姜のたたき

2、イカとサバの塩辛のバター炒め

3、サバ魚醤のパスタ

4、椎茸とサバの塩辛のバター焼き

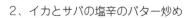

「サバの塩辛」作り方

①サバは近くの港で水揚げされた新鮮なものを使用。

②内臓を取り分け、頭を切り落としてぶつ切りに。

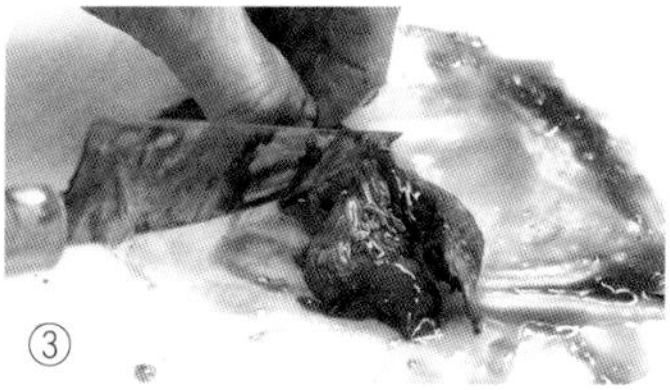

③はらわたは中をしごいて掃除する。

④刻んだはらわたと身を混ぜ、サバ８に対して塩２を加える。

⑤塩がまんべんなくサバに絡むように手で混ぜると仕込みが完了。

⑥１か月の間、毎日混ぜて発酵させる。３か月経つと完全に熟成し、旨味がぎゅっと詰まって食べ頃に。

※６か月熟成させほぼ液体になった塩辛は、上澄みを調味料として使う

松江から一畑電車に乗って

縁結びの神様・出雲大社

出雲

MAP 4

松江ー出雲間を１時間でつなぐ一畑電車

旧暦の10月は「神無《かんな》月」と呼ばれています。これは一説には、日本全国の神様がこの月に出雲に集まり、人間の縁に関わる諸事を決める会議（男女の結びつきもその一つ）を行うため、神が各地を留守にするからだとされています。

一方、全国の神が集結する出雲では、この月を「神在《かみあり》月」と呼んでいます。そして、出雲大社《おおやしろ》をはじめとする出雲の神社では、全国の神を迎える「神《かみ》迎祭《むかえさい》」や「神在祭《かみありさい》」などを行います。

神在祭の祭典

縁結びの神様として有名になった出雲大社には、年間600万人もの参拝者が訪れています。松江から出雲に向かう参拝客がよく使うのが、一畑《いちばた》電車。宍道湖《しんじこ》沿いを走るため、窓からの景色を眺めながらゆったりした時間を過ごせます。

神社でのお参りは「二礼二拍手一礼」が一般的ですが、出雲大社でのお参りでは「二礼四拍手一礼」が正式な作法です

大社の参道でいただく
元祖・出雲ぜんざい

出雲ぜんざい

出雲大社の参道、神門《しんもん》通りにはちょっと意外な名物があります。それは「ぜんざい」。実は、出雲はぜんざい発祥の地といわれているのです。

旧暦10月に全国の神々が集まって開かれる会議・神議《かむはか》りの期間中に行われる神在祭。そこでお供えされていた餅と小豆で作った「神在餅＝じんざいもち」が訛って「ぜんざい」となり、全国に広まったといわれています。

ぜんざい餅
食べてこうかな

参道に軒を連ねるぜんざい専門店

ぜんざいの店いっぱいありますね
ぜんざいの発祥の地といわれています

体の芯からポカポカと温まる、小豆が美味しい

冬の日本海、漁を終えて港に戻る船

漁師さんの饗《もてな》し

魚介類のすき焼「ひか焼き」

大田・和江漁港

MAP 5

100年ゴハン
file.10

ひか焼き（ひか鍋とも）は島根県の郷土料理で、牛肉や豚肉を使うすき焼きに対して、魚介を使うすき焼のことです。

大田《おおだ》市近海は、寒流と暖流が激しくぶつかり合うためプランクトンが豊富で、身の引き締まった鮮度の高い魚がたくさん獲れます。この魚介を豪快にぶつ切りして煮た鍋料理がひか焼きです。

「ひか（へか）※」とは、農機具の鋤《すき》の先の金属部分のこと。鍋の代わりに使っていた「ひか」が語源になったのだとか。

ひか焼きはまた、この地域の大事な行事食でもあります。毎年1月10日に、体を清めた漁師が晩から翌朝まで宮に籠もり、海上安全や大漁を祈願する「宮籠も

水揚げされたのはニギス、カレイ、ミズダコ、ノドグロなど

り」が行われるのですが、その翌日に、それぞれの船頭さんはこの鍋で関係者をもてなし、無礼講で楽しむのです。

※和江漁港周辺では「ひか焼き」と呼びますが、ほかの地域では「へか焼き」と呼ぶそうです。

漁師の月森博さん

暮らしに根付いた鍋

賄《まかな》いにも饗《もてな》しにも

ひか焼きに使用する魚は、アンコウ、ノドグロ、シロガレイ、アナゴなどなど。ノドグロは客人をもてなす時にだけ入れる特別な食材だそう

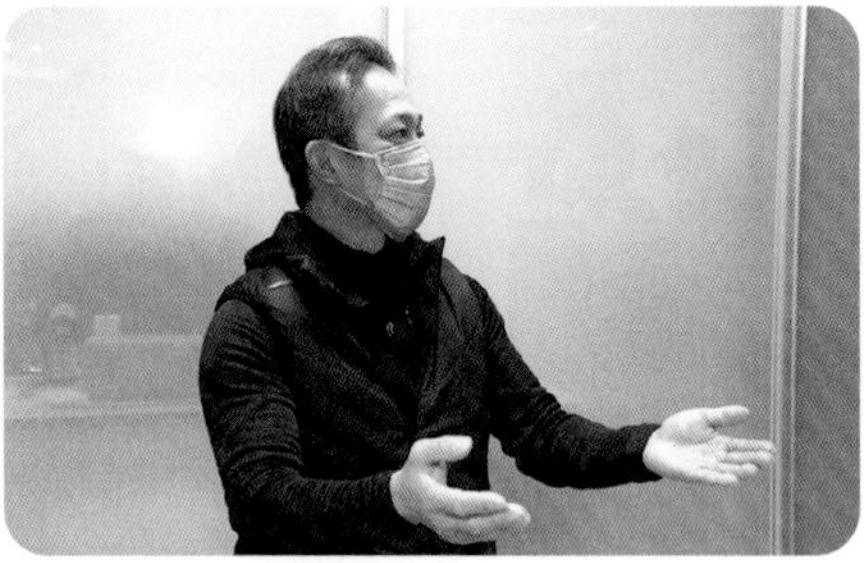

調理をしてくれた漁師の山内健さん

ひか焼き用の深さ約10センチの平たい鉄鍋は特注。漁師の家には必ずあるという

漁師さんの「ひか焼き」作り方

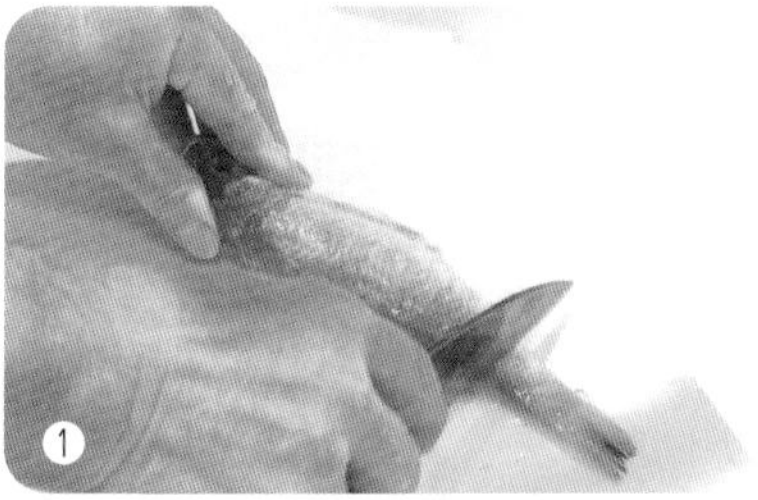

①ノドグロのウロコと内臓を取り除いてきれいに洗い、丸ごと使う。

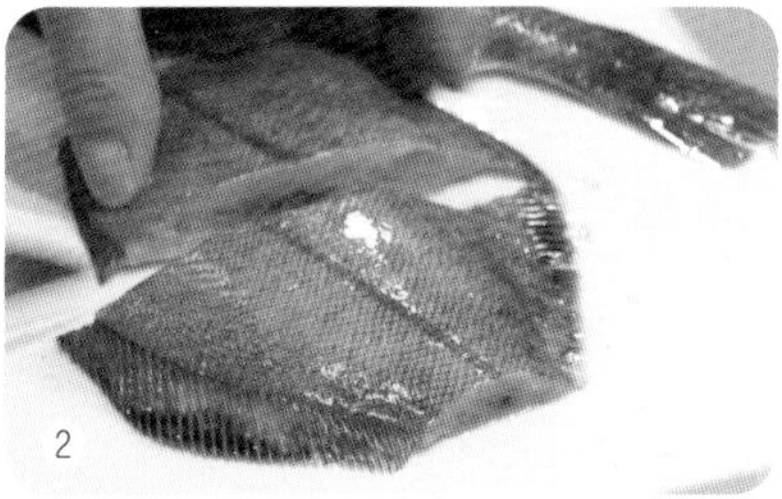

②カレイ、アナゴ、アンコウはぶつ切りに。

③専用の鍋に水、醤油、砂糖、地元の日本酒を入れて割下の完成。

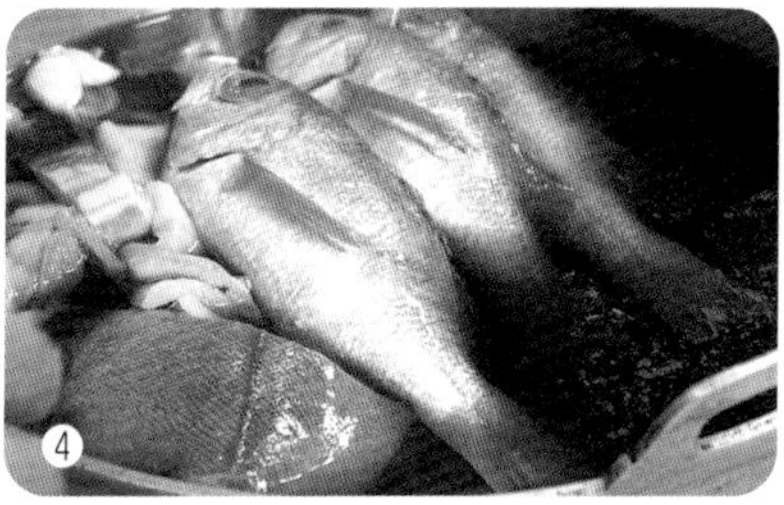

④ノドグロと切った魚をそのまま入れる。

⑤白菜、ネギ、豆腐を加えて煮えるのを待つ。

やさしい香りが立ち上る「ひか焼き」完成

いや、すごい。魚の美味しさを最高に味わえる

旨味が重ねられた、経験したことのない香りです

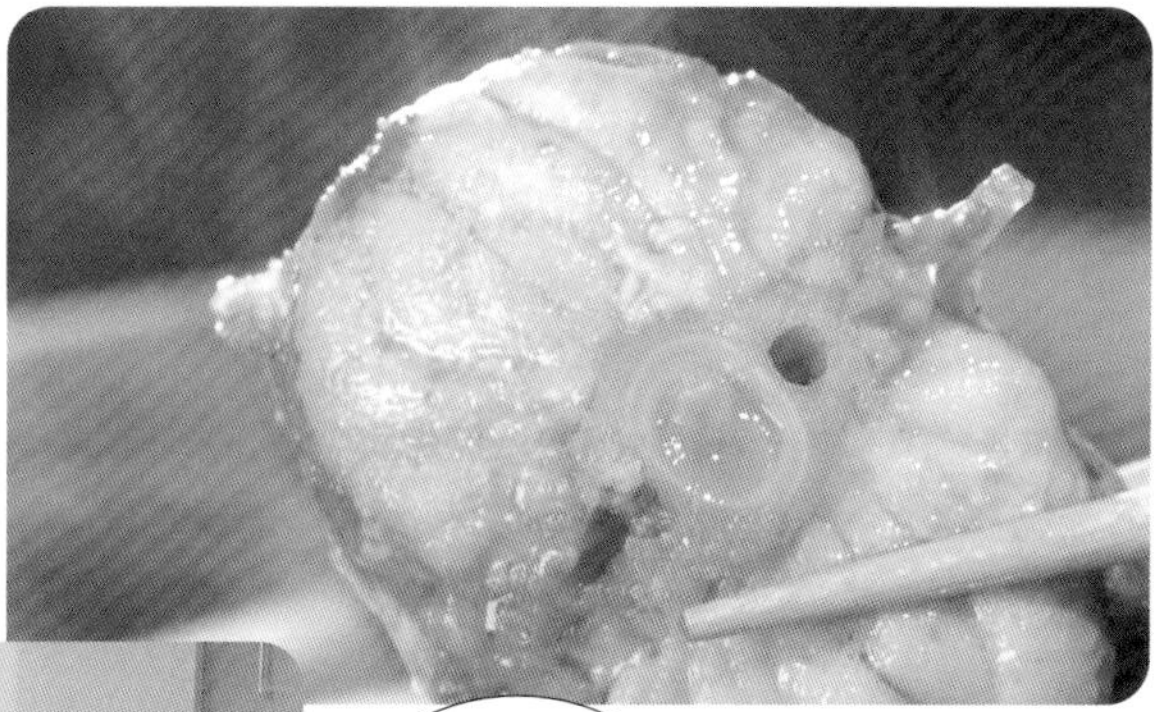

アンコウの
コラーゲン！
ぷるぷる（笑）

ノドグロさん、
いかしていた
だきます。
なんと贅沢！

口のなかで、
ほろーっと
溶けていく

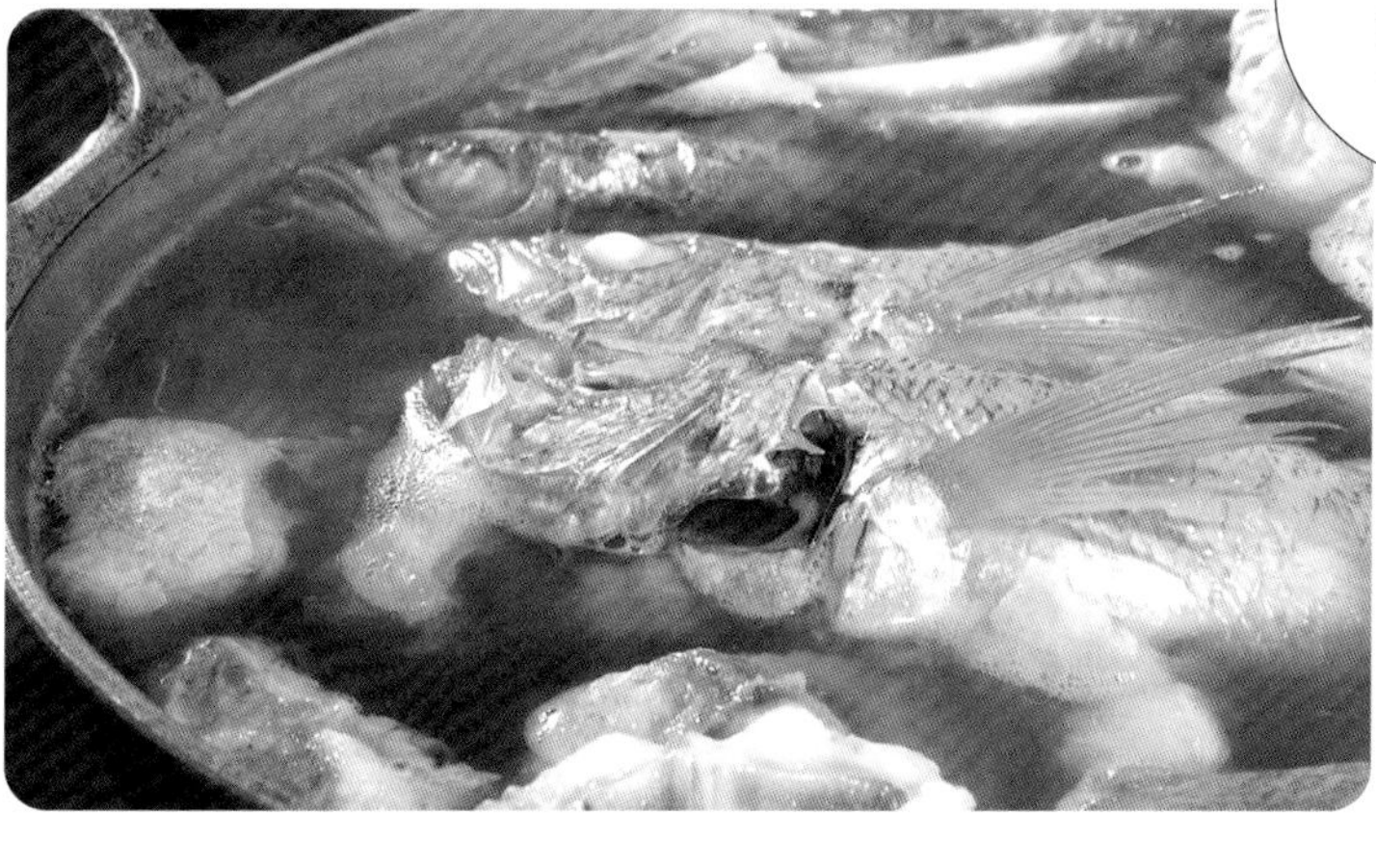

山陰の小京都といえば

津和野の酒蔵を訪ねて

津和野

MAP 6

左右の白壁、城下町であることが一目瞭然

山間部の小さな盆地に広がる津和野は、江戸時代に城下町として栄えました。いまなお隠れ里のような趣きを残すこの町は、山陰の小京都としてよく知られています。

中心の殿町通りには、城下町の佇まいを見せる白壁が続き、藩校であった養老館の跡や、津和野藩の家老であった多胡家の表門も残っています。さらに、町役場の津和野庁舎は、もともと大正期に建てられた木造の建物を使用。通りに沿った堀割には数百匹の鯉が泳いでいます。

文豪・森鷗外や画家で絵本作家の安野《あんの》光雅《みつまさ》の生まれ故郷でもある津和野は、武家の清々しさと芸術の香りの漂う町です。

この町に古くからある酒蔵に、江戸時代より伝わる謎の郷土料理があると聞き、訪ねました。

◉華泉酒造
鹿足郡津和野町後田口 221
☎ 0856-72-0036
https://kasen1730.ocnk.net/

は〜、沁みる

ちょうど酒米が蒸し上がるところです

酒蔵の女将、
潮美枝子さん

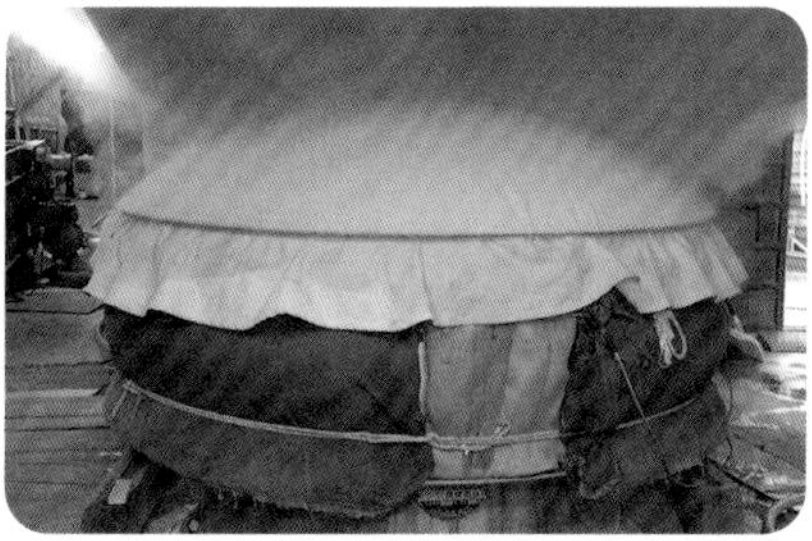

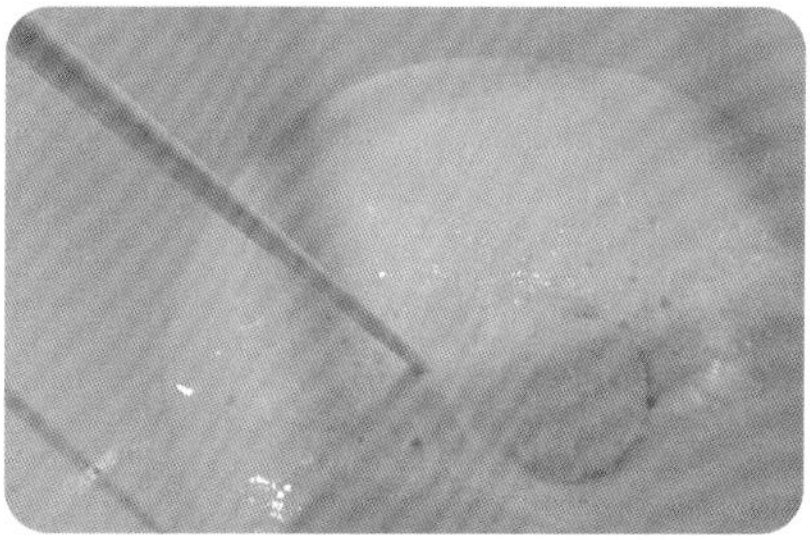

1月から3月まで続く酒造りでは、杜氏も含めた全員が昼夜交代で働きます

名物なのに隠したい!? 酒蔵に伝わる「うずめ飯」 津和野

ちょうどワサビが
手に入ったので、
今日は
うずめ飯です

100年ゴハン
file.11

うずめ飯は、一見、出汁をかけただけのご飯のように見えますが、実はご飯の下には小さく刻んだ野菜や豆腐、ワサビを埋めてあるという変わった料理です。

水に恵まれた津和野は、江戸時代には限られた場所でしか採れないワサビの産地として名を馳せていました。藩主から質素倹約を強いられた人びとが、その贅沢品をこっそり食べるために考えたのが、うずめ飯だったという説があります。

寒い冬に暖をとるための晩ご飯に、あるいは、正月行事のおもてなし料理としても振る舞われました。

なるほど。
埋めてるわけ
ですね

お出汁の香りと
お野菜、豆腐。
ワサビがピリッ
と利いて、
絶妙ですね

1939（昭和14）年の当時の宮内省・全国郷土料理調査で、東京都の「深川めし」や大阪府の「かやくめし」などとともに、日本五大名飯の一つに選ばれたこともある、冬の郷土料理なのです。

渓流を利用したワサビ田

二段重ねにご飯を盛って

うずめ飯、具の作り方と盛り付け方

「うずめ飯」具の作り方

①昆布とカツオでとった出汁に、砂糖大さじ2杯、ニンジン、椎茸、かまぼこを入れる。

②醤油で味をととのえる。

③刻んだ豆腐を入れれば具材が完成です。

県外から嫁いできたので、最初は、なんじゃこりゃって感じでした

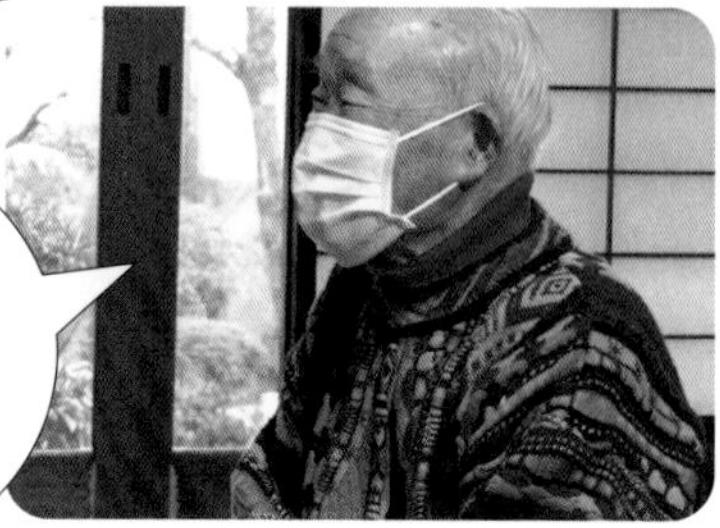

お酒を呑んだ後にいただきます

「うずめ飯」の盛り付け方

①茶碗の底にまずワサビをたっぷり入れる。

※うずめ飯に欠かせない津和野ワサビ

②具でワサビを隠すようにかける。

③ご飯を半膳くらいまで盛り付ける。

④三つ葉を置き、その上からまた具をかける。

⑤もう一度ご飯を盛り、二段重ねにして完成。

コウケンテツ流、サバと野菜のうずめ飯

見た目はただのターメリックライスですが、うずめ飯にならって、島根県民が大好きなサバをうずめ、洋風な仕上がりにしてみました。こんな遊びゴコロも楽しいと思います。ご飯を炊いている間に具の用意ができるので、それほど時間もかかりません。お酒のシメにもぴったり。まぜまぜして召し上がってください。

〈材料〉

サバ（フィレ）	中2尾分
玉ねぎ	1個
じゃがいも	2個
しめじ	1パック
トマト	2個
ニンニク	1かけ
トマトペースト	大さじ1
日本酒	80〜100ml
塩、オリーブオイル	各適量
パセリの粗みじん切り	大さじ2
粗びき黒胡椒	各適量

ターメリックライス

〈材料〉

米	3合
水	580ml
ターメリック	小さじ2ほど
塩	少々
バター	10g

〈作り方〉

炊飯釜に米と水を入れ、ターメリックと塩を混ぜて炊く。炊き上がったら、バターを加える。

〈作り方〉

①玉ねぎは1センチ角に切る。じゃがいもは皮をむいて5〜6ミリ幅の半月切りにする。しめじは石づきを除いてほぐし、手で裂く。ニンニクは薄切りに。トマトは1センチ幅の半月切りにする。

②サバは2センチ幅に切り、塩を軽くまぶす。

③フライパンにオリーブオイル大さじ1を熱し、玉ねぎを炒める。しんなりとしたら、ニンニク、トマトペーストを加えてさっと混ぜる。

④じゃがいも、トマト、サバ、しめじの順に並べ、塩適量をふる。酒を加えてぐつぐつさせ、オリーブオイルを回しかけ、蓋をして20分ほどオイル蒸しにする。塩で味をととのえる。

⑤全体に煮えたら、サバをキッチンはさみで食べやすい大きさに切る。

⑥器に盛り、ターメリックライスを⑤が見えないようにのせ、パセリ、粗びき黒胡椒を散らす。

おわりに

旅に出て食材の生産現場を見せていただいたり、料理の一部始終を見せていただいたりすると、いつも新たな気づきを得ています。それとともに、わかっているつもりだったことや、よく知っていると思っていたことを、見直すきっかけにもなります。

たとえば「自然からいただいたすべての食材には、捨てるところがない」とか、「食事を感謝していただく」といったことは、わかっているつもりでいても日々の生活のなかでおろそかになっていたり、忘れがちになったりします。

そんなことを、取材を通して出会ったみなさんからあらためて教えていただくのです。みなさんは特別なことをやっているのではなく、地元の暮らしに根付いた慣習や、その方なりの想いを素直に表現しているだけなのだと思います。でも僕は、その自然体の姿に心を動かされ、自分自身を見直すきっかけになっているような気がするんです。

もしかしたら、なにか大切なことを再確認させてもらうために旅に出るのかもしれません。そんな出会いを求めて、100年先まで残したい食の旅を続けたいと思います。

コウケンテツ

■番組制作スタッフ

出演	コウケンテツ
ナレーション	美村里江
撮影	勝 正輝　佐藤洋祐
音声	山口聡　丸山洋平
音響効果	髙橋幸輝
編集	新谷拓治
取材	小山将太郎　原元雅史 對比地美和
ディレクター	小宮弘之
プロデューサー	菊池 裕
制作統括	白井 潤（大分・島根編） 黒川 敬（沖縄編） 宮川麻里奈（大分編） 千代木太郎（島根編） 武居裕子（沖縄編）
制作	ＮＨＫエンタープライズ
制作協力	グループ現代
制作・著作	ＮＨＫ

■書籍制作スタッフ

企画・装幀	山口昌弘
構成	戸矢晃一
イラスト	池谷夏菜子
ＤＴＰ協力	市川真樹子
本文デザイン	MOUNTAIN
編集	黒田剛史　小林裕子

＊本書はＮＨＫ ＢＳ「コウケンテツの日本100年ゴハン紀行」（「沖縄 サンゴ礁と森が育む島の宝」「豊かな秋を味わう！大分」「冬の日本海を味わう！島根」）をもとに書籍化したものです。　＊本書に掲載した店舗や生産者等の情報は、刊行時点のものです。

写真：番組スタッフ撮影

コウケンテツの日本《にっぽん》100年《ねん》ゴハン紀行《きこう》 ❷
沖縄《おきなわ》 宮古島《みやこじま》・本島《ほんとう》 大分《おおいた》 別府温泉《べっぷおんせん》 島根《しまね》 松江《まつえ》・出雲《いずも》

2024年2月25日　初版発行

著　者　NHK「コウケンテツの日本《にっぽん》100年《ねん》ゴハン紀行《きこう》」制作班《せいさくはん》

発行者　安部順一

発行所　中央公論新社

〒100-8152 東京都千代田区大手町1-7-1

電話……販売 03-5299-1730　編集 03-5299-1870

URL https://www.chuko.co.jp/

印　刷　大日本印刷

製　本　小泉製本

Published by CHUOKORON-SHINSHA, INC.
Printed in Japan ISBN978-4-12-005753-3 C0095